我的珠宝人生

——全新修订版——

史书鹏 著

南方传媒 | 广东经济出版社
·广州·

图书在版编目（CIP）数据

我的珠宝人生 / 史书鹏著. -- 广州 : 广东经济出版社，2025. 1. -- ISBN 978-7-5454-9084-8

Ⅰ. K826. 14

中国国家版本馆CIP数据核字第2024EY6816号

责任编辑：刘亚平　吴泽莹
责任校对：李玉娴
责任技编：陆俊帆

我的珠宝人生
WO DE ZHUBAO RENSHENG
出 版 人：刘卫平
出版发行：广东经济出版社（广州市水荫路11号11～12楼）
印　　刷：广东鹏腾宇文化创新有限公司
（广东省珠海市高新区唐家湾镇科技九路88号10栋）

开　　本：787mm×1092mm　1/16　**印　　张：**16. 5
版　　次：2025年1月第1版　**印　　次：**2025年1月第1次
书　　号：ISBN 978-7-5454-9084-8　**字　　数：**187千字
定　　价：89. 00元

发行电话：（020）87393830　编辑邮箱：gdjjcbstg@163. com
广东经济出版社常年法律顾问：胡志海律师　法务电话：（020）37603025

前言

PREFACE

为什么选择了珠宝行业?

很多人问过我这个问题。在大多数人看来，我这个粗枝大叶像汉子一样的姑娘好像和华丽精致的物件一点儿也沾不上边，更谈不上和珠宝有什么盘根错节的关系。然而这个话题说起来也确实有点长。

如果按照能让读者感兴趣的女主角设想，应该说自己出生于珠宝世家，祖上就是干这个的，再往大了吹，还和爱新觉罗氏扯上点渊源，那这个人设就更不可同日而语了。可是，我们都不是预设自己人生的编剧，能走上珠宝之路，倒像是上天怕我这个懒姑娘饿死而恩赐的一种本领。然而，这一切也不是完全没来由。

我的珠宝启蒙，来源于姥姥闲暇时给我传递的她生活里的细枝末节——富丽堂皇的珠宝陈设是我幼年生活中的一道光，照亮了我本该平淡无奇的童年，给我打开一扇新世界的大门。而她娴静、沉稳的大家闺秀气质，也成了我日后生活范本的参考。旁观她的人生，我日渐参悟出我的兴趣点所在。

成人以后，兴趣的发展就随着性格信马由缰了。大学毕业时，地产行业方兴未艾，互联网如日方升，金融、快消品都还在圈钱的始发站，然而我义无反顾地选择了创业。那时候我并不知道前行之路有多艰难：金钱上的掣肘，精神上的迷惘，身体上的劳乏，俗事中的羁绊……当时的我对全新的未来还一无所知，所谓的投身，也只能是投身，因为除了肉体之躯和满腔热情，别无所长。一方面是个人运气使然，另一方面是当时我所处的位置——佛山市南海区平洲玉器街——国内翡翠市场的第一梯队，正处于蓬勃发展阶段。从2006年到2015年，我在此赶上了翡翠市场急速发展的第一波浪潮，亲眼见证也亲身经历其翻天覆地的变化。

如果以衣食无虞为生活目标，我大可以自此躺平。

然而已知的生活总归会令人感到乏味，平淡光阴下，我无法抑制探索未知珠宝世界的驱动力。我从事的是翡翠行业，对钻石、红宝石、蓝宝石、碧玺、水晶、贝母等一无所知，它们像一个个可爱的精灵，在我的梦中与现实中翩翩起舞。2012年，我再次启动了学习计划。我暗暗对自己说，要把行业证书都拿齐，因为这是成为专业珠宝人最起码该有的“垫脚石”。在学习中我慢慢体会到，系统的理论知识只是入门了解珠宝的铺垫，这门学科更需要实战，再扎实的理论基础都比不上缅甸抹谷矿区一位老妈妈轻描淡写的一句“这些名贵宝石都是我们从小玩到大的玻璃珠”。我们费尽心力获得了知识，也不过是刚刚抵达他们出生的起点水平。认知差距这么大，怎么和人家比？

知不足而奋进，望山远而力行。我先后深入武汉、香港，以及泰国、柬埔寨、斯里兰卡、意大利、法国、英国等国家和地区的各院校、矿区和博物馆，对珠宝进行各种深入的了解或者做比对学习。这些经历给我打开了一扇全新的珠宝世界的大门，我先后获得了专业认证——中国地质大学（武汉）珠宝学院的高级珠宝鉴定师（GIC）、英国宝石协会的高级珠宝鉴定师（FGA）、泰国亚洲宝石学院的彩色宝石鉴定师

（AIGS）；业内谈资——在斯里兰卡EGL实验室工作，和斯里兰卡人联合在国外开采宝石矿，成立自己的小型珠宝检测实验室。

我的珠宝之路，走得日渐宽广。对珠宝的了解，也从最初狭隘的翡翠领域升级到以各类珠宝为原料，让个性化的设计为作品重新赋能，同时，我也开始尝试着归纳总结不同历史和文化背景下珠宝的差异，把珠宝从产品向美学的层面推进。这些认知的改变，都得益于不断地学习和阅历的更新。

对于珠宝，如果以前的喜欢是因为懵懂的本能和生活经历所致，那现在的喜欢则是在更深刻地了解人生之后，明确了爱、坚持、固守和追求的意义。时至今日，不管是熟悉的朋友，还是萍水相逢的路人，对我独自行走世界最多的评论是"勇敢"，对此我也只是一笑而过。是勇敢还是无知者无畏？可能二者兼而有之吧。但如果把现在的一切都建立在"勇敢"二字上，我深知还远远不够。即便再给我一次选择人生轨道的机会，我还是会义无反顾地选择珠宝。爱而后勇，大抵如此。

我喜欢珠宝，也喜欢简单的文字，文中所记录的这些过往，基本上都是真实的故事，无法复刻，弥足珍贵，算是对自己人生上半段的职业生涯做了一个交代。这本书，除了对我自己有些许意义之外，我还想对年轻人说：大多数像我这样的普通人，从一出生就没有选择的权利，且在被否定中慢慢地迷惘、无助、不自信，不敢追求，不敢选择，不敢爱，不能承受失败之重。我们被别人的言论影响，被生活的节奏左右，在生活的潮水中浮沉，慢慢地变成我们不想成为的样子。我以四十岁的人生回望二十岁的岁月，坚定地认为，没有热血沸腾过、孤注一掷过的青春，更让人悲伤。与其这样，亲爱的年轻人，不如拿这仅有一次的生命，义无反顾地搏一把，带着满腔的热忱，持之以恒地浇灌生命之花，结局总不会比现在更坏。如果我们已经没有机会，请切记不要剥夺孩子探索未知世界的勇气，因为你永远不知道，爱和坚持会创造多大的奇迹。

我的人生，有很多人参与过，也还一直参与着，在这里，我深深感谢所有熟悉的、陌生的、支持的、反对的、赞誉的、诋毁的、同行的、追随的人，是你们的出现让我成为现在的我。积极的鼓励让我充满勇气，负面的鞭策让我反思不足，没有好与坏，你们占据了我生命历程的大半，给了我人生丰满的意义，让我在行走的路上不孤单。

感谢所有我爱着的人，是你们的温暖驱散了我前进路上的阴霾，让我知道每一次努力和改变都意义非凡。

感谢珠宝，这些充满灵气的石头，滋养、雕琢、丰富了我的人生。

人生行至一半，总归是幸运和感恩。

目录

1

第一章

命定的欢喜

2

第二章

呼啸而过的青春

3

第三章

烈酒与江湖

4

第四章

翡凡人生

唯有爱　可抵风雪冰霜

·第一章·

命定的欢喜

彼时年少　双眼只有无猜和无邪

溜走的蝉还在昨日的指尖　疼爱始终萦绕身边

在那杂草丛生的往事里

一席浮翠流丹的盛宴　留在了那个夏天

一眼万年

姥姥的珠簪

我出生在河南的一个小村庄。在我的印象里，因为经济相对不发达，这里的村民最大的特点就是无论考虑什么事都以钱为起点，同时生活也被锁在了以钱为半径的相对封闭的区域里。生活中，除了一望无垠的田野，还有可以捏成各种形状的泥巴，再者就是猪牛羊鸡鸭鹅和一地鸡毛的琐事。当童年玩伴对这些东西投入忘我的热情时，我却对这些以后要主宰我生活的道具丝毫提不起兴趣。从幼年时期起，我多半的心思已经开始投放到了姥姥的半份家业上。

为什么说是半份家业呢，这里打开另外一个故事。

姥姥家是方圆百里的落魄财主世家。姥爷

早早谢世，留下姥姥和年方两岁的长女，以及襁褓中的幼女，即我的姨妈和亲妈。接下来的情节就和电视里演的差不多了，祖上余荫颇丰，家族的产业盘踞了大半个村庄。然而寡妇的产业又多半被旁系宗族觊觎，能被姥姥紧紧攥在手里的不过是蜗居一样大的一方庭院和若干室内的陈设。就是这方斗室和半屋陈设成了我童年的乐园和乐趣来源，启蒙了我追求美的慧根。因为在这里，我看到的东西和在别人家看到的都不一样，最特别的当属处处可见的花纹：桌面、椅子靠背、箱笼把手、蚊帐龙钩、洗脸的铜盆，甚至房檐上的瓦、门口的角砖……

在我对人性一无所知的幼年时期，我觉得姥姥是一个木讷甚至迟钝的女人。日常的她，一袭粗衣布衫，颜色以月白、煮蓝为主，挽着纹丝不乱的发髻，插一根浑圆的银簪。时日久远，银簪上有一些凹痕，颜色明暗不均，形状也略有些扭曲。姥姥的打扮有时与众不同，帽子上的

椅子靠背花纹

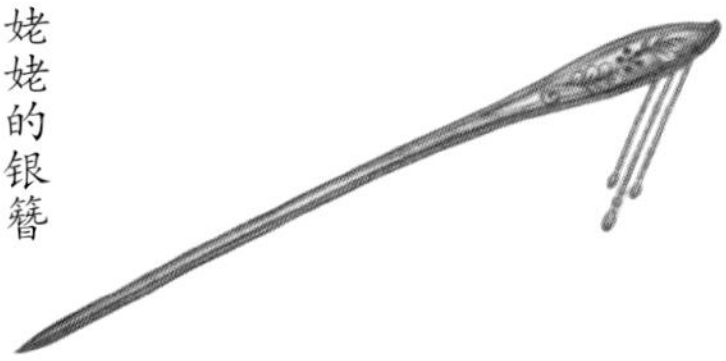

姥姥的银簪

帽花、衣角的压襟，每一处都自成一格。连她立下的规矩也和村里的老太太们不一样，当我的小伙伴们都可以光着脚丫挽着裤腿，蹲在门口端着大碗呲溜呲溜地吸面条时，我则被要求周周正正地坐在饭桌边，食不言；晚上安安稳稳地睡觉，寝不语。不管是风雨突来还是居家琐事，我倒不曾看见她有一丝的慌乱、幽怨或者狂躁，因为银簪上的流苏总是摆动得和风细雨般轻柔。现在我才懂得，在隐忍与静默的时光里，埋藏的是她大半辈子的修为。尤其到晚年，她的眼神更是清澈透亮，笑意盈盈，我也无数次从她脸上读到孩子般纯粹的笑容。这位老太太最终在思无邪中定格了自己的人生。

要说与珠宝的初次邂逅，是在盛夏一个烈日炎炎的午后。知了在歇斯底里地聒噪，树枝摇曳，伴随着几缕叶片细碎的轻响。汗水浸湿了我的衣衫，小脸蛋也闷得通红。姥姥用半桶水把我擦洗干净后抱我放在床上准备午睡，一边摇着蒲扇，一边闭目养神。我惦记着下午和小伙伴们去偷西瓜的事儿，身体像烙饼一样翻来覆去。姥姥看我一时半会儿不能安神，就喊我起来了。

她在床底下倒腾了一会儿，然后翻出来一个盒子。我发誓，在我有限的人生经历中，这绝对是当时的我见过的最精美的盒子：暗紫红的色儿，浑身上下镶嵌满了反射各种颜色的白色石子，十分绚丽；盒子的包边精细地裹了一层金漆。我立马被吸引了，只觉得富丽异常，再也想不出别的词来形容。

姥姥端坐在嵌花圆凳上，一边说着我又胖了，一边把我揽在怀里。她先是用帕子把盒子的边边角角细致地擦拭几遍，然后才慢悠悠地把

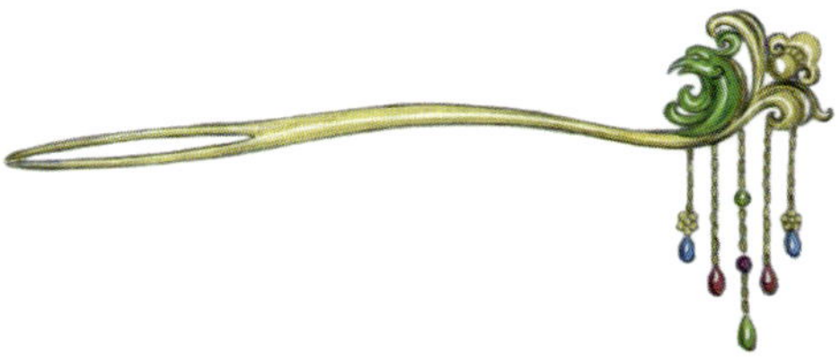

它打开，我这才有机会近距离地仔细看面前这个盒子。扑入眼帘的就是别在盖子上的一个长长的簪子。但是这根簪子和村里面其他老太太随手别的小木棍儿那种都不一样：姥姥的簪子镀着黄澄澄的色儿，像在油锅里烹过一样，簪挺直挺挺的，拉得老长。而在另一端，簪头是一汪翠色欲流的“碧波”，这种绿像极了春天田野里的新芽，绿得冒水，绿得泛油，绿得发光！然而这种绿和新芽的绿又不完全一样，好像被揉进了水，一直水汪汪的，随时会流淌出来。绿石头下面，挂着长短不一的穗子，穗子上又缀着不同颜色的垂珠。目瞪口呆的我，使劲咽了几下口水，再转过头看看姥姥的脸，希望她给我一些回应，然而她并没有看我，好像被入定在这个簪子里。我们都没说话，就这样静悄悄过了几分钟……

我终于克制不住，伸出肉乎乎的小手想翻一下盒子，被姥姥眼疾手快地一把摁住。姥姥接着打开盒子的下一层，到现在我都依然记得那种眼前一亮，好似劈进来一道闪电的感觉，只见黄灿灿的、白花花的，圆的、扁的、方的、薄的、厚的，各种造型迥异的宝贝摆满整个盒子，闪闪发光，琳琅满目，我只觉得个个都好，却一句话也说不出。姥姥又仔细地叮嘱我：别动！这下我真的不敢动了，看着她把一头灰白的长发散开，又重新用篦子篦得整整齐齐，挽了一个完整的发髻。她抽出那根我凝视了很久的簪子别在发髻上，那汪碧绿的翠色呀，随着姥姥的手轻轻地一摇，多彩的垂珠，全都活了！

姥姥又从盒子里面拿出来一对黄澄澄的耳坠，细长而优雅的美人

如意锁耳坠

钩，像被烙铁烙过一样，在我的脑海里留下了永不消退的记忆，我甚至还可以随手刻画它的弧线形态。长长的耳钩下，是一个鼓鼓的如意锁，只有指甲一般大小。姥姥拿起我的小手，用指甲盖儿轻轻一拨，如意锁就开了，里面放着一小团艾草，难怪散发着淡幽的香气。如意锁下面垂着三条长短不一的穗子，穗子下坠着各色宝石。姥姥把耳坠放在我耳边比了比，又轻轻地挂在自己的耳朵上，对着桌面的镜子左右端详。

姥姥把我放在凳子上，起身，在我面前慢悠悠地走了两圈，又重新坐下，把我揽在怀里。她继续给我翻看她的盒子，我这才知道这个小盒子层层叠叠分了好几层，有好多个格子。她从下面一层里拿出来几枚银色的、红色的、蓝色的、绿色的、金色的戒指，有的还镶满了七彩石头：那种银白赛过冬天的飘雪，火红赛过西天的云霞，蔚蓝比夏日雨后的天空还干净，碧绿像浓缩了家门口一望无垠的田野，金色比秋天的晒麦场还要灿烂！

姥姥把所有的戒指都翻出来，套在我稚嫩的小手上。那一刻，我只恨自己泥巴玩得太多，满手的倒刺和被我啃得不成样子的指甲，惶恐地担心这些美丽的戒指被我玷污了。姥姥一个一个指着跟我说：“这几个是翡翠，这几个是珊瑚，这个是红宝石，这个是蓝宝石，这一串是珍珠……”一整个中午，我大气都不敢喘，也不敢眨眼，怕自己错过了什么，也怕一眨眼，这些美丽的珍宝就从眼前消失了。我甚至听不到外面知了的聒噪声，世界好像瞬间被凝固了。我像是从未认识眼前这个天天给我做饭、扫地、养猪的妇人。

萝卜造型银色戒指

姥姥赠送给我的无数件宝贝中，有两件在记忆里永不磨灭：除了那对如意锁耳坠，还有一件是银色的戒指，上面镶嵌着一颗“萝卜”。蓝宝石做的三片叶子饱满，散发着强劲的生命力，红宝石的块状根部肥硕，象征着丰收的喜悦。深爱着我的姥姥，在我五六岁的时候，就赠与我如此意义非凡的礼物，那时的我却不知其价值所在。戒指很快就不知去向，耳坠也只在我的耳朵上挂了一段时间，不是今天丢一个穗子，就是明天少几个珠子，然后如意锁也不知所踪，零零碎碎，最后仅剩下一个弯弯的美人钩。我漫不经心地把美人钩放在桌子上，后来它也消失不见。姥姥赠予我的至宝，我到现在都感念当时设计者的神来之笔，然而像这样的实物却再也无缘看见，留下深深的遗憾。

我如坐云雾地看着、听着、玩着，看姥姥擦拭每一件宝贝，听她讲每一粒浮翠流丹背后蕴藏着的故事。任谁也没想到，这个普通得不能再普通的午后，一盒华光四射的宝贝，将深深地影响我未来的人生轨迹。

第一笔巨款

即便是对钱财没有太多概念的孩子，提到钱也会让人有不由自主嘴角上扬的冲动。

烧玉米、烤红薯、炒花生是一个农村孩子的基本功，而我和他们还不完全一样，因为我更爱吃。在那个物质生活不是很富足的年代，我凭一己之力，硬是把自己养成方圆三五里首屈一指的白胖丫头，成为乡村杂货店和流动商贩的忠实客户。那些装着豆腐脑、胡辣汤、爆米花、炒凉粉走街串巷的小车只要一来，我就攥着积攒下来的或者从妈妈口袋里偷出来的三角五毛，绕着小车左三圈右三圈地转，眉开眼笑。以至于后来附近的小商贩进村时，都会不约而同地特意从我家门前经过。

然而，小丫头也有青黄不接的日子呀。当炒凉粉的老爷爷推着小车，一路抑扬顿挫地叫卖着从我家门口路过时，我连忙掉转身子，关上大门躲进屋里。荷包空空的我，也只能扶着门口的砖墙咬咬手指，听着门外老爷爷的叫卖声渐行渐远。小小年纪的我虽然尚且不懂财不外露，但一定懂了穷不外露，毕竟没脸面的事哪能让外人知道呢！

在20世纪八九十年代的乡村，经常有人骑着二八大杠自行车，走街串巷地收旧货。每次看见有些村民藏着掖着地摸出来几枚古币、袁大头，被收货的人掂量几下，就能换上几元或者几十元钱，作为旁观者，我两眼都放光了。

这天，炒凉粉的老爷爷推着小车又来了。“小妹妹，今天刚打的凉粉，给你下蒜苗炒一份呀。”老爷爷真是话到手到，抬手就准备倒点油出来热锅。此时，我一边是被炒凉粉勾引得垂涎欲滴，一边是被穷折磨得英雄气短，当吃的本能和穷的窘境从两边势均力敌地把我挤压得无计可施的时候，好巧不巧就有一句“收货咯”传到我耳朵里。穷则思变。我立马跑回房间，小心翼翼地捧出自己的小铁盒，在一串一串刻了“道光”“嘉庆”“光绪”等字样的古币中挑挑拣拣，文字和器型都还异常清晰。

在孩子的眼里，总认为新的东西才是好的，于是我把其中一些簇新锃亮的钱币好好地用鞋带穿好，继续在盒子里精挑细选。终于，一枚有些残缺的古币被找了出来，看起来不是很大，形状不够圆，字迹也不够清晰。镌刻着的两个字，上面那个笔画繁多，我自然是不认识的，下面的倒是个“元”字。就它了，最破旧。我把小铁盒放好，一溜烟地往街上跑去。

收货的叔叔有一个固定表情：恹恹的，看不出喜欢与不喜欢。他把别人送过来的东西放手里端详很久，掂量几下，能换三块五块钱的就很多了，一般都是一两块钱，不过更多的还是原物奉还。一般看的人多，成交的人少，村民们围着看一会儿，慢慢地也就失望地散开了。

当人群逐渐散开，收货的叔叔也准备悻悻离去时，我终于抠抠搜搜地从口袋里摸出我的古币。一直无精打采的叔叔一把抢过去，使劲在大腿上蹭了几下，对着落日的余光仔细看了很久，眉梢和嘴角已经泛出隐藏不住的笑容。那些准备要散去的村民又三三两两围了回来。我一下局促不安起来，七八岁的小姑娘并没有体验过如此多人关注的目光。

“5块钱。”收货的叔叔淡淡地说。

5元钱！我好像一下子被雷劈了，整个身体麻木得不能挪动，脑袋也开始嗡嗡作响。5元钱这个“天文数字”，直接重新定义了我这个乡村女童对生活层次的认知。毕竟在此之前，我的零花钱都是按毛计算。这笔“巨款”，我可以买多少份炒凉粉啊！

“好好好！”我忙不迭地答应着。

“才5块钱吗？”身边有邻居提出了质疑。

年纪尚小的我，对眼前的戏码暂时还理解不多。然而从邻居们的视角来看，收货的叔叔不管语气怎样轻描淡写，都隐藏不住如获至宝的喜悦。

“5块钱啊，也不算啥好东西。”

“好！”我马上伸出小手，准备拿了钱就去追炒凉粉的爷爷。

“肯定不止5块钱！”周围的几个村民开始七嘴八舌地讨论起来。

“10块钱，10块钱，就这样了。天黑了，我也该走了。”收货的叔叔作势要走，但是屁股像粘在小板凳上一样，纹丝不动。

我一边惦记着讲好了却迟迟没有支付的10元钱，一边又暗自埋怨多事的村民们过于紧追不舍，万一收货的叔叔不买账，我岂不是连5元钱也没有了吗？另一边我又幻想着万一真有了10元钱，我可以在小卖部充多久的大爷。

“书鹏，你妈来了。”有位看热闹的小伙伴提醒我。

这一句话就把我从幻想中拉回现实。是跑还是不跑呢？老母亲要是知道我为了一口吃的不务正业到如此地步，能把我打个半死。我紧张地看着这位半路杀出来的程咬金，心里做好了挨打的准备。当然，如果打之前能吃上炒凉粉，我也忍了。

收货的叔叔一下就不淡定了，他站起来，老远就对我妈说：“大姐，您看这个是你们家孩子拿着玩的，我也是今天没收到什么东西，就顺手买一件。您看20块钱成吗？我也要回家了……”

我妈先是狠狠地瞪了我一眼，然后才对收货的叔叔说：“小孩子的玩意，要不然就不卖了吧。”

收货的叔叔一下急了眼，鬓角开始发红：“大姐，我也是要回家了，50吧，50块钱，我也只有这么多了。”他开始翻两边的裤袋。

50元钱！围观的村民们个个目瞪口呆，炸了锅似地喧闹着。连我妈都不淡定了，她“啪”地拍了一下我的后脑勺，说：“家里啥东西都能被你揪出来，回家看我不收拾你！”天地良心啊，这不知道是哪个同学想抄我作业，送过来讨好我的，妈你咋能这样冤枉我呢？但是这会儿，我明显管不了那么多了，满脑子都是50元钱，仍妄想着是不是可以考虑把小卖部的零食搬一半回家。我兴奋得浑身发热，脑袋嗡嗡的，竖起耳朵，却再也听不进去任何话了。

接下来的讨价还价有母亲主持，就顺利多了。久则生变，此时明显看出来收货的叔叔想速战速决，于是这场交易最终以100元人民币成交了！10张10元的人民币，围观的村民们和我的小伙伴们都惊呆了。任谁也想不到，我这个小姑娘拿来的一枚谁也看不懂的“破铜块儿”，换了100元人民币，比我妈妈一个月挣的薪水都多。

我整个人像做着梦，身子被妈妈半提着拉扯回家，一路上还被她情不自禁地亲了好几口。

虽然天色已晚，母亲还是毫不犹豫地杀了家里那只下蛋最勤快的老母鸡。没想到奖励我的手法竟然是牺牲一只无辜且勤勉的家禽。我一边享受着鸡腿的肥美，一边又为以后不能天天吃鸡蛋感到可惜。

至于那笔巨款?

母亲在打发我两只鸡腿之后，给了我5毛零花钱，仅此而已。果然天下父母套路孩子的招数，在哪个年代都是一样的。

野蛮生长

七八岁时，母亲给我收拾出半间房子做闺房，一床、一案、一书柜，别无他物。所幸我在一个教师大家族的背景下长大，族中直系、旁系的教师有二三十位。其中，我非常敬重的姨父在当地名校当了近三十年的校长，桃李一方。因此近水楼台，我的闺房最不缺的就是表哥表姐们看剩下的闲书，不消半年时光，房间已被堆得密密麻麻，甚至连地上都难以落脚。除了经典名著《红楼梦》《三国演义》，还有各种传奇、传记、演义，如《梁山后代小八义》《隋唐演义》《薛丁山征西》，以及乱七八糟各种博人眼球的地摊文学。看过江湖上刀光剑影、快意恩仇的世界，我也顺带修炼出了一个肥得流油的胆子。

爸爸在一百公里外的地方挖煤，妈妈教完书还有干不完的家务事，我则在无人关注的情况下自由野蛮地生长着。因为太过于调皮和缺乏管教，五岁时我就随母亲的安排进入了校园。不知道是“a、o、e”显灵了，还是那个午后让我开窍了，我很快从烧玉米、烤红薯、偷西瓜这些鸡鸣狗盗的事儿里“金盆洗手”。很显然，我找到了更高级的精神寄托——开始对金属、会发光的珠子、奇形怪状的石头、沙子里破碎的小贝壳产生浓烈的兴趣。我会把古币用鞋带儿穿起来，也会把家里的金银铜铁，甚至有些发黄发黑、残缺不全但是盖着戳儿的纸张、邮票顺手抄起珍藏起来，不管懂与不懂，都觉得弥足珍贵。

然而这些并不能满足一个孩子疯长的欲望。在经历过几次肯定与否定的自我挣扎之后，我终于释放了内心贪婪的“小恶魔”，在一个全家人都外出耕作的日子，开始了人生第一次动手整活儿。小剪刀一挥，姥姥儿顶帽子上的玉珏、衣服上的压襟、披巾上的角花、裤脚的铃铛、腰带上的珊瑚珠子等被我悉数拆卸下，塞到一个散发着鱼腥味的罐头铁盒里。干完这一票，我像只余念未歇的小貔貅，虎视眈眈地守护着自己得来的“不义之财”。

劳作归来，姥姥看我把她的衣物糟蹋得不成个样儿，居然是先烧了一锅水，把我丢在盆子里洗得干干净净，对我犯下的过错只字未提。直到某天，母亲发现了我的胡作非为，怒不可遏，揪着我就要一顿揍。姥姥拦了下来：“不就是些物件嘛，何苦为身外之物所累，再说这些东西早晚也都是她的。”大赦之后，我也顿悟：这世间有一种爱叫偏爱，在偏爱里生长的勇敢叫有恃无恐。姥姥无原则的宽容对我的贪婪无疑是一种助长。我学会了把格局放大，把目光放长远些：不仅是姥姥家，还可以是奶奶家、姨妈家、姑妈家……我开始在这几个嫡系亲戚家轮流

“作案”。

第二次动手，我把目标锁定在奶奶身上。冬日暖阳和煦地照耀着大地，一帮老太太坐在奶奶家的小院子里一边做针线活，一边聊家长里短。有了第一次的成功经验，第二次动手就老到多了，我不仅把奶奶的挂饰、细软收拾得干干净净，完事后还可以若无其事地和老太太们闲聊。

很快，我又厌倦了这种没技术含量的小动作。这种状况在我把装备从小剪子升级成小锤子之后，得到了彻底扭转。以前我怎么抠、拉、扯、拽都整不下来的玩意儿，在小锤子杠杆的发力下，都轻松成了我的囊中之物。当东征西占和捡物件儿都不能满足我的欲求之后，我又做了一个胆大包天的决定：对家里的陈设动手。

被我选中来练手的，自然还是姥姥家的旧家什。这些旧家什上的古铜包边、铜拉手、拉手下面的衬片，它们那被时光打磨过的颜色，被双手抚摸过的明暗，由匠人雕刻的花纹，每次开合金属撞击环佩的叮当声……像在号召我一般，让我寝食难安，我甚至嗅出了金属的迷人芳香。我要把这些东西通通都抠下来。

又是一个家里没人的日子，我挥舞着威风凛凛的小锤子，展示了前所未有的破坏力。原本几件姥姥年轻时古色古香的陪嫁家私，被我用钳子和锤子蹂躏一番后，只剩下支离破碎的木头，像掉了牙的老太太咧着一张秃噜了的嘴。还有椅子上亮晶晶的雕花，我怎么能忍住不让它们到我那散发着鱼腥味的罐头盒子里待着呢？！

夕阳西下，在大人们回家前，我开始思考：要提着这些战利品面对耕作归来的老母亲吗？是什么样的自信让我坚信母女关系能扛得住这种考验？于是我搬来梯子，把它们都藏到了屋顶的棚子里。不知道是累坏了还是大干一场之后精神放松，我在屋顶上睡着了。当我被嘈杂声惊醒时，清晰地听到姥姥、妈妈、哥哥炸了锅一样的叫喊，整个村子都沸腾着此起彼伏呼唤我的声音。我从他们洪亮又焦急的声音中分析着：如果贸然下去，会被打成几级残废？肚子饿得咕咕作响，听着瘫在客厅地板上的母亲声泪俱下，我的意志力终于全线溃败，从棚子上探出半个脑袋。从棚子上下来，我像一只灰头土脸的胖老鼠，顶着一头蜘蛛网，夺门而去。

在那个物质和精神都极度匮乏的年代，宽松、自由的生长环境，就是送给孩子最好的礼物。作为一个土生土长的农村丫头能有这样多姿多彩的童年生活，是多么幸运的一件事，我想再也没有比这个更彻底解放天性了。如果时光可以倒流，我好想抱住那时候的自己，给这个无知无畏的野孩子讲点历史或者文学。如果训教达不到规劝的效果，那也要想尽办法去阻止这一双“作恶多端”的手。

听说，村里到现在还流传着一个白白胖胖的小丫头，腰间别把小锤子，威风凛凛的传说……

“书鹏谈珠宝”

浅析玉石种类

说到玉石，大多数中国人都可以津津乐道地聊上一段。因为在我们悠久的中华文化发展过程中，以玉为中心载体的玉文化追随着文明发展的脚步，不仅源远流长，而且博大精深，成为我国传统文化的重要组成部分，甚至一度成为我们最高道德水准的象征。

最早关于玉石的定义是许慎的《说文解字》：石之美者，为玉。根据这个说法，在我们幅员辽阔的土地上，一批又一批的珠宝人挖掘和呈现了各式各样精美异常的玉石。

一、四大传统玉石

国内所说的玉，其中的典型代表为：新疆的和田玉、辽宁岫岩的岫玉、河南南阳的独山玉和陕西西安的蓝田玉。这些玉石各具特色，在不同的地域、不同的年代，彰显出了独特的魅力。其中，和田玉更是凭借温润的光泽、细腻的结构、圣洁的颜色等特性位居四大传统玉石之首，被接受程度最高，群众基础最好，被推崇为我们的国玉，在玉石文化中大放异彩。

和田玉的产地多集中在我国新疆、青海以及俄罗斯境内等。因为硬度偏低，莫氏硬度为6.0～6.5，被人们称为“软玉”。

除了四大传统玉石外，目前市场上还存在一些石英质的矿石，也被称之为玉石。比如：黄龙玉、鸡血玉、水沫玉、非洲翠等，因为产量巨大，相对来说属于比较低档的玉石。

二、玉石新贵

和其他传统玉石相比，目前最受追捧的是来自缅甸的翡翠，莫氏硬度达到6.5～7.0，是人们口中的“硬玉”。缅甸翡翠因其颜色丰富、质地坚硬、光泽明亮等显著的优点，自清代末年从云南流入中国之后，备受皇室贵胄和达官贵人的推崇。在200年左右的时间里，尤其是经济快速发展的近20年，缅甸翡翠在混乱的玉石市场中一骑绝尘、脱颖而出，被广泛地应用于精美加工的首饰中，受到消费者的喜爱。价格曾经一路高歌猛进，甚至达到了令常人难以企及的高度。

市场总是变幻莫测，近几年新兴的危地马拉的矿石因其物理参数和缅甸翡翠比较接近，而被冠以翡翠的名字，借着缅甸翡翠的东风，看准了玉石产地之争的漏洞，很快在玉石市场上谋得立足之地。但是这一类新兴矿石的市场储量、稳定性和价值走向都存在不明确的因素，需要经历漫长的市场检验才能定论。未来前景如何，还将拭目以待。

种类繁多的玉石，不管是从文化层面，还是从经济层面，又或者是从精神层面，都装饰和丰富了我们的生活，成为很多人生活中不可或缺的部分。我们既感恩这份大自然的馈赠，同时也希望能够拥有心仪的宝贝。

现阶段的玉石市场既呈现了百花争鸣的局面，也难免鱼龙混杂、良莠不齐。因为玉石行业本身缺乏严谨的界限，同时存在定义模糊、业内评估标准不统一、地域文化差异显著等诸多问题。同时，交易市场还存在定价混乱的问题和买卖双方难以建立信任的尴尬局面。

玉石既然给了我们这么多美好的寓意，我们也有理由相信，随着时代的发展，多方力量的觉醒和通力合作，我们必将会迎来一个更加完善的玉石市场。

翡翠的“新坑”和“老坑”

翡翠的“老坑”“新坑”之说由来已久，这两个词究竟代表什么意思，如何来区分？

我们先引入宝石学当中的两个名词，即内生矿和外生矿。

一、内生矿

宝石学中的内生矿是指矿物在特定的地质条件下，比如岩浆活动或者火山喷发等满足成矿条件时，直接结晶形成，并留在原始的地质条件中，成为原生矿的一部分。矿物一般深埋于地下，开采难度较大，没有经历过太多的氧化、风化、水蚀、搬运等自然界外力的影响，因此也被称为原生矿。

二、外生矿

宝石学中的外生矿是指在自然界各种不确定力量的影响下，内生矿物转变成外生矿物，在地表或者近地表受到阳光、空气、水和有机体作用的影响。在漫长的过程中，矿物的结构和成分有可能受到影响甚至产生变化，具备更强的抗氧化、抗风化、抗腐蚀等能力，具备更稳定的化学性质。这种就是外生矿，也被称为次生矿。

明确了原生矿和次生矿的定义，我们来解释翡翠术语中的“新坑”和“老坑”。按照地质学观点看，它们在形成的最初是同样的地质条件和地质时期，但不同的是，在后期有一部分翡翠具备了从内生矿床转换到外生矿床的条件，比如地震、火山喷发、河流冲刷等因素，从而形成了外生矿床的翡翠。和内生矿床的翡翠比起来，外生矿床的翡翠有些颜色发生变化、有些透明度发生变化、有些结构发生变化，诸如此类。同时，外生矿床翡翠还具备了更加稳定的化学性质，这一类翡翠即被称为“老坑翡翠”。与之相对应的就是一直停留在原生矿床中的翡翠原石，一直深埋于地下，就像稚嫩的花朵。被开采出来之后，或者被加工成首饰之后，翡翠原石很容易受到自然界因素的影响，短期之内它的品质发生了变化，这一类翡翠即被称为“新坑翡翠”。

随着市场上对翡翠需求的增加和开采范围的扩大，越来越多的新坑翡翠被投入市场中。以我常年在一线工作的经验来说，以2024年的翡翠市场为例，新坑翡翠的占有比例至少在40%以上，这个数量还是很庞大的。

不管是对买家还是对卖家而言，新坑翡翠都存在生命周期短的问题。平常我们所说的“人养玉、玉养人”，人和玉互相滋养的情况在新坑翡翠上并不能发生。比如新坑料加工出来的翡翠首饰，情况严重的，半年时间就有可能出现“跑种、跑色”，具体表现就是石头晶体变粗、颜色变淡等。还有一些在两三年内也会出现这种情况。新坑翡翠带给买卖双方最大的伤害就是财物两空。随着时间的流逝，新坑翡翠必然会面临变种和价值飞速缩水的问题，针对这种情况，当下并没有解决办法。

下面我们浅谈如何区分新坑翡翠和老坑翡翠。

1. 光泽

老坑翡翠有更明显、更明亮的玻璃光泽，新坑翡翠的光泽感相对较弱。

2. 晶体

老坑翡翠的底子更细腻、颗粒感更弱、结构更致密。与之相反的新坑翡翠存在晶体比较粗大、颗粒感重、结构疏松且底子不均匀的情况。

3. 硬度

虽然翡翠被称为“硬玉”，莫氏硬度达到6.5~7，但是新坑翡翠和老坑翡翠在加工或者打磨时，可以明显感受到硬度差异。老坑翡翠质感更坚硬，更容易做细腻的雕琢，新坑翡翠则与之相反。

4. 密度

新坑翡翠密度略小于老坑翡翠，行家拿在手里掂重，也可从重量的细小差异上进行区分。

除了上面所提及的这些差异，有经验的老师傅还有其他更多的区分方式，比如听声音、看颜色的分布，等等。但是这些技能大多数是行内人士日积月累的经验所得，并没有量化的参数标准，在翡翠鉴定证书上也不能反映出来，只是行内口口相传的技能，并不具备普遍性，这也是个遗憾。

·第二章·

呼啸而过的青春

青春似风　席卷而来　呼啸而去
我是无憾的　至少在仅有一次的青春里
与君相逢　肆意而活
将那滚烫的梦想落地　浓缩在八平方米的空间里

且行且歌

读书是每个人成长中一个绕不开的话题。对许多人来说，如果没有在读书时代拼上半条命，很有可能下半辈子都要掂着整条命去生存。如果觉得读书辛苦，那这点辛苦与日后生活的考验和艰辛比起来，实在是微不足道。

有点忧伤也有一点幸运，我的学生时代虽然一路走来也是在各路学霸之间“夹缝求生”，但基本上理想和现实的落差不算太大，我还是从那个河南的小乡村走到了南方的大都市。

一湾溪水绿，两岸荔枝红。迈入广州，这个新鲜的城市于我而言是那么的迷人，单单是体育中心站附近五光十色的路灯，都让我沉醉不知归路。空闲时，我常常坐公交车从城市的此端到彼岸，在夜色中完成一次灯海航行。沿途高楼上的灯光星星点点，就像挂着的一串串宝石，是那么华丽，那么耀眼，甚至差点儿忘了正事——

我是来广州上大学的。不过，学校按部就班的课程对于我这个向往自由的人来说，并没有什么吸引力。不晓得是被哪本书哪句话，或者网络上流行的生活态度影响了，抑或是知道自己不富裕的家庭无法支撑自己在这个城市光怪陆离的生活，有一天，一个勇敢而坚定的决定萌生心底：时间应该花在更有价值的地方，我要自力更生！

回望彼时，一个刚从农村跑出来的毛丫头，交完父母东拼西凑给的第一笔学费之后，居然默默下定决心再也不开口麻烦家里，我还是想给那时候的自己敬一杯。当然，我也真做到了——余生所有开销，我全然自给自足。经济上的独立，使我的人生自此开始完全按照自己的想法发展，随心所欲。

大学的第一个国庆节假期，当同学们都忙着回家探访亲友、旅行或者见习时，我已经很笃定地开始做第一份兼职。于是，接下来的那几年，生活简单得几个字就可以概括：夜里埋头啃书，白天打工，放假出门旅行、买石头。那几年打工的收入，除了满足日常开销和学校费用所需，倒还足够我坐着叮叮当当的绿皮火车到处去游玩。京广线、贵昆线、湘黔线、陇海线、兰新线，还有青藏线等，这些曾经只是出现在地理课本上的文字和黑白相间的线段，都转换成了我记忆中鲜活的画面。

记得2003年的暑假，我从湛江出发，一路长短途大中小巴士连续接驳，从南到北，把十来个沿海开放城市都游历了一番。绿皮火车的酸臭、小旅馆的跳蚤、几块钱风味迥异的各地小食，和我对未知世界的渴望比起来，这些都不重要。年轻人的世界里，好像鲜有害怕，只有对未知的向往，因为除了可以感受不同的风土人情，还可以见识到不同的石头，每一趟旅行都让我眼界大开。那些年月里，每天睡前想的问题是：今天去过哪里，明天可以去哪里。总是怀着沉甸甸的收获进入梦乡，又满怀欢喜地迎接第二天的黎明。

寒假，我又出了一趟远门，去北京找我的朋友贾进。傍晚，我和她坐在冷飕飕的未名湖畔，热情洋溢地聊着“香喷喷”的未来。对当年的我们而言，未来就像是刚放进烤箱的面包，在里面一点点地发热、膨胀，慢慢镀上金灿灿的颜色，并且开始热气蒸腾地散发出香气。

她和我讲她们班的学霸期末考试成绩平均96分，打破近二十年的高分纪录，我给她讲我的考试都是压缩在考前一两个晚上复习，结果也都无惊无险；她和我讲为了多挤点时间看标本，班上很多同学都是捧着饭盒围着解剖标本边吃边聊；我给她讲在南阳玉器批发市场，民工型匠人娴熟地把水胆玛瑙做得天衣无缝，而且只收5毛钱……总之，她越来越像一个要站在国际学术论坛上的专家，我则越来越像一个走街串巷的石头贩子。我们热情洋溢地聊着未知的生活，却不知彼此的人生就这样开始有了分叉。

我从背包里摸出来一堆石头，告诉她这是我小半年来的战利品：绿幽灵逍遥佛、红发晶的手排、和田玉籽料的项链、岫玉的手镯、碧玺的手链……虽然现在看来这些都是不值钱的玩意，但是当时的我还是很骄傲地告诉贾进，这些石头堆起来，就是我这小半年打工的工资。

终于，她好像有点动心，指着一条碧玺手链问：“贵吗？”

“1300。”我淡淡地说。

她倒吸一口凉气：“快收好你的宝贝，这抵得上我俩月的伙食费了。”

没好意思告诉她的是，这条手链花的不止这个钱。那是在郑州火车站附近的一个小饰品批发店买到的。老板是福建人，一见面就面面俱到地把我夸赞了一番，直到我心甘情愿地掏出钱包里积攒的2000多元。当老板娘把钱点清楚之后，下巴一点，老板心满意足地挤出一个媚笑。走出店门，在旁边面馆点一碗烩面，边吃边琢磨，还是觉得其中一块石头不太心仪，盘算着回去换一件。然而第二次再见面，明显感觉老板没什么热情搭理我。刚怯生生地和老板娘提出换一件的想法，她就从柜台里面“啪”一声甩出一张纸板，上面赫然写着八个大字“货物出门，不退不换”，我只好灰溜溜地走了。不知道这算不算宰客，还是火车站的生意本就是一面之缘的一次性交易，没打算做回头客，脸面诚信什么的自然就顾不上了。

我和贾进的聊天内容很多都不记得了，只记得她那天最后说的一句话：“原来你是想做那种半年不开张，开张吃半年的生意！”因为这可能是我第一次和别人谈起理想。

云游之路，我看了很多——

在诸暨的山下湖镇，一个人口不足3万人的江南小镇，珍珠从业人员就超过1.5万人，每家每户柜台上的珍珠都堆得和小山一样高；在东海看到了数不清的水晶，颜色各异，造型迥然，价格又都低得离谱；在南疆的大戈壁，我捡到过皮色焦黄、沁色自然、肉质洁白、质地油润的鹅卵石，远远比在张掖商场橱窗里看到的羊脂玉漂亮；在德令哈，早晨漫步在春寒料峭的河床底，一行清澈见底的春泉从脚踝漫过，除了刺骨的寒冷，还可以看到五颜六色形态各异的戈壁玛瑙，迎着初升的太阳，熠熠生辉；在云南，看到了好多翡翠、南红和缅甸人贩卖的琥珀原矿，一堆一堆地码着，看着感觉也没那么值钱；到了西安又发现当地人把玉石切成一片一片的，做成席子、枕头，看起来有金缕玉衣的既视感……

这两年，我游览了祖国的大江南北，一路边走边看边买，陆陆续续积攒下数不清的零碎玩意：水晶、玛瑙、绿松、蜜蜡、紫牙乌、翡翠、和田玉，云云种种，也深刻体会到了物离乡贵的道理：有些东西在出生地堆山填海，换了地方就奇货可居。

大学前两年，与其说我读的是书，倒不如说我走的是路。

很多次，我问自己，有没有后悔在本应求知若渴的大学时代孤注一掷地挥霍青春？如果再给我一次机会，结果会不会有所不同？考虑过很多次，我想，可能我还是会选择这条“离经叛道”的路。所有看似荒诞不经的行径，都是刻在基因编码上的自由与无畏。宿命，大抵如此。

我要深深感谢这些小石头们，它们斑斓的色彩、明亮的光泽和独特的形态丰富了我的视野，一直激发我内心潜在的力量，陪我走过了最灿烂也是最孤寂的年华。

与君相逢正少年

大三暑假，经过一个学期打工，我又存了一小笔可以挥霍的闲钱。于是，我打算沿着北方的路线出发，去中国大西北的戈壁滩，去吹大漠的风，去揽边关的月，去看看丝绸之路上的明珠莫高窟。从古至今，这片广袤苍凉的雄厚土地发生过太多可歌可泣的故事——“大漠孤烟直，长河落日圆”“秦时明月汉时关，万里长征人未还”“明月出天山，苍茫云海间”……这些流传千古的名句让人浮想联翩，给每一位旅客带来无限的灵感。

那是在一趟从郑州到兰州的火车上。

“你喝水吗？”一把爽朗的声音飘入我的耳朵，我侧身看看，是旁边一位不相识的小哥，我没有回应。

过一会儿，又来了几句："我给你削个苹果吧。""我包里有方便面……"

我以百思不得其解的眼神瞟了几眼面前这位小哥，锁定五秒钟，确认还是不相识。心想，我包里各种口味的方便面也很齐全啊，这难道不是坐火车的标配吗？我吃过的方便面可以从火车的这头儿摆到那头儿，某大学舍友直言，看我一直活着，觉得是个奇迹。不过，我并没有和这位小哥杠回去。不是因为他长得好看，也不是感念他几番好心，而是那会儿嘴里刚拔了四颗牙，正是装好牙套的第二天，不仅说话漏风，而且只要张张嘴，哪哪都疼！就算是想说话，也是有心无力，我只能直勾勾地看着小哥，意思是：请开始你的表演。

这下他倒是出乎意料地安静了，一直没再出声，直到下一站火车靠站，上来一位中年男士，牵着一个五六岁的小男孩坐在我们跟前。天下熊孩子都是一样的，在摔烂茶杯、踢翻垃圾桶、吃完方便面等一系列持续躁动之后，小男孩终于安静下来，在椅子上倒头就睡，旁边的中年男士也长长地舒了一口气。原以为中年男士会跟着打个盹，他居然变魔术一般，从口袋里摸出一副扑克牌："来来来，斗地主！"中年男士、小哥、钢牙妹，眼神一切换，仨人心照不宣地进入状态，飞机、炸弹、小顺子。约莫两个小时过去，在小男孩即将睡醒之际，我也成功地把两位男士的零花钱"接管"了过来。

火车再次到站，停靠西安车站。

"我要下车了，"中年男士拉起小男孩准备走，顺嘴一问，"你俩呢？"

旁边的小哥说："我也要下车了。"

“我到兰州。”我那漏风的嘴也被迫营业了。

“你俩不是一起的呀？”中年男察觉到他将要有一个惊人的发现，把拉起的小男孩又摁回座位上。

“不是啊。”我和小哥异口同声，彼此对望一眼。

“你俩不是男女朋友啊？”中年男士的八卦劲儿全被吊起来了。

“现在还不是。”小哥盯着我回答。

“以后也不是。我们也是刚认识，他姓什么我都不知道。”就算舌头在钢丝上碰得血刺呼啦，咱也得咬着牙先划清一条关系界线。

“董，我姓董，别董大，天下谁人不识君的董大。”小哥搬出本家名句。

“你们一个去西安，一个去兰州，都是一个人，多好的机会，咋不搭个伴儿呢？”中年男士略施带点遗憾又有点困惑的语言艺术来点拨。

“是哦，一起多好，而且你把我的钱也都赢走了，我等下没钱吃饭了。”小哥委屈地望着我。

“你想让我把钱还给你？”

“那哪敢啊？我是担心危险。”

“和你在一起就不危险了？”

“不是说你危险，我是说我危险。一看你就是经常出门的人，这都武装到牙齿了，我跟着你也可以沾点光啊。”

“……”

见我一时语塞，眼前这位董先生对吃提出了理直气壮的要求，继续说：“你把我的钱都赢走了，你要管我饭，去饭店吃。”

于是在西安站，我俩一同下了车。途中的这几天，他每天提水瓶子、撑伞、背包、找地图、买单，反正只要是他能干的、他能花钱的，都抢着来。

去敦煌的时候，董先生并没有和我一起去看莫高窟。从莫高窟回来的路上，闷坐在挤满人的中巴车里，我顿觉四肢乏力、头晕恶心、身体发烫。下了车，就看到董先生提着一袋葡萄在旁边等着，兴奋得像一条“二哈”等着另一条“二哈”。

“洗干净的，很甜。”

“我中暑了。”

“哦，快去休息。”他笑得更开心了。

“我病了，你为什么这么开心？”我气不打一处来。

“这样我就可以照顾你了呀。”

再醒过来，他还是笑眯眯地端坐在旁边的小板凳上剥瓜子，像个大孩子。

“哎呀，你终于睡醒了，你看这是什么？”

我顺着他手指的方向往桌子上看，是一堆剥好了的瓜子。“这不是我用嘴巴嗑的，这都是我用手剥的哦，你看我的指甲。”他把肉乎乎的手伸到我面前，指甲磨得光秃秃的。

“我睡了多久？”

“我没看时间，不过我剥了1139颗瓜子，我数着数呢！”

“1139？”

“是啊，1139，我一颗都没舍得吃，除了几颗烂的。”

有点感动，也有点哭笑不得。

撑着伞，我们一起走最后一段去车站的路。不同的是，他是往东踏上归途，我是往西去不知名的下一站。他把伞往我身上倾斜，沙漠的大太阳火辣辣地烤着他的脑门，泛出明晃晃的油光。

“你一个人不害怕吗？别人欺负你怎么办……我们一起回去吧，都玩这么久了……你的牙套该回去看医生了……”他尝试着游说我。认识的这几天，他第一次眉毛拧巴在大脸盘子上，没有暖暖的微笑，像个委屈的孩子。

“你走你的吧。”我冷冷作答。这种萍水相逢，记忆都不会存留太久。归途，对他来说可能是温暖的港湾，对我来说可是羁绊的牢笼。每个人都有自己的方向，既然选择了，就不要轻易动摇。每一次选择的摇摆，都有可能会跟着别人的航线偏离了自己的方向。所谓的舵手，我想必须坚定。

他不再多言，低头闷走。他先找到我要坐的车，把背包和伞递给我，转身再去找自己的车。我望着他低头远去的背影，忽然心生些许惆怅。离开这个车站，再见就再也不见了。

忽然，他掉转了头，从马路对面走过来。我能看到太阳光直射下，他的大脑门泛出油腻腻的光。跨过马路，他又一次站在我面前，从口袋里摸出钱包，拿出100元钱，“给你”，然后又加了一句“我只有这么多了”。

强迫和说教或许不能改变一个人，但是温暖一定可以。爱和温情总会产生让人沉溺的麻醉感，不知不觉沦陷其中。看着他温暖灿烂的笑脸，和带着恳求与不舍的眼神，当然还有明码实价的100元钱的“情谊”，我答应他，踏上了回家的路。

回来的火车上他坦言：“其实好几次我都想亲亲你，就是没亲过牙套妹，不知道该怎么下嘴。而且我还想抱抱你，又怕抱不动丢人，考虑了几次放弃了。你以后会瘦的吧？”很显然，他对眼前这个即将成为他女朋友的人并不是很有信心，但还是在最后关头用100元下了订金。

他还告诉我，不是不想去莫高窟，而是没有钱了。

“你不告诉我？”

“大老爷们哪能花小姑娘的钱呢，而且看起来又是特抠的那种小姑娘。幸亏带着你一起回来了，要不然，我要饿着肚子回南京，因为最后100块钱都给你了。”人，总难免有软肋，一不小心，可能也会戳中泪点。

这就是我和董先生的邂逅。恰在少年，一见如故。

他给我剥了1139颗瓜子，把最后100元钱给了我，没有玫瑰花，没有钻戒，在我戴着牙套、体重达到巅峰的时候，牵着我的手一起去买回程的火车票。在此之前，我们彼此对对方的家世、背景一无所知，完全靠着老天乱点的鸳鸯谱，认领了对方。

第二年大年初三，早上八点，他从南京飞来广州，手机关机前发了最后一条短信：“为了你，我愿意放弃江苏。”于是，我们熬过了柴米油盐，熬过了摔烂的锅碗瓢盆，也熬过了七年之痒……他用温暖的爱包裹着我，改变了我，也治愈了我。从他身上，我看透了爱的力量。而1139这四个数字则成了我们家各种密码的重要组成部分。即使时光过去了十六年，每每想起他背着书包，走过马路，油乎乎的大脑门，满怀惆怅挤出笑脸，从钱包里掏出最后100元钱给我的画面，都让我泪流满面。

我把刚写好的这一小节给董先生看，他沉思良久，把小董先生叫过来，语重心长地说：“儿子，以后可不能随便去旅游啊……”

他，这是什么意思？

练摊儿

大学快要毕业时，班里同学大抵分为两类：一类是准备考研或者考公务员的，异常忙碌；另一类就是毕业后只想找份工作独立谋生的，异常轻松。我属于两者都不沾边的，最后一学期的时间一半在做兼职赚生活费，另一半是出门游山玩水。幸运的是，学业不算太难，我也不至于太懈怠，一切都在可控范围内，总归都还过得去。闲暇时，倒杯茶坐在狭小的阳台上，看被浸泡开的茶叶在杯子里舒展，恣意西东，颇有些羡慕，人生却是从来不敢如此妄为。

我想，很少有人天生就笃定勇敢，至少我算不上，看似自由，却也时而迷茫。想不清楚未来的时候，就打电话给母亲。电话那边舌尖上挑，声音高亢："早知道要做生意，读什么书啊！你赶紧也去考个公务员……"隔着电话线以外的1000多公里，我都能咂摸出我妈"哀其不幸，怒其不争"的心情。挂了电话，余音绕耳，一直不散。

然而可能是阅历颇丰的缘故——从村庄到一线城市，从城市到四海游历，我既无心再向更高的学府攀登，也不愿意被条条框框束缚，在金钱丛林中和同事们维持一种竞争且共生的微妙关系，更不想把生命的不同阶段标上价码卖给不同雇主。也是从彼时，我与母亲生疏多年。时至今日方明白，当时母亲也是在她有限的认知范围内给了我最好的建议，只是我和母亲曾经在一片相同的土地上血脉相融、无话不谈，但时过境迁，彼此的思想早已渐行渐远，想来这也是人生的无奈。

我开始考虑谋生的出路。

在广州市白云区广园新村，我租了一间53平方米的出租屋，除了一条狭窄的通道连接睡房、厨房、洗手间及茶几旁刚好能趴下身子写字的方寸之地，其他桌子、架子、椅子、沙发下等所有犄角旮旯的地方，全都堆满了东西。大的、小的、圆的、扁的、方的、红的、蓝的、绿的……大到晶洞、瓷器、原石，小到印章、宝石、翡翠，类别跨度之大，让人瞠目结舌。董先生第一次来访的时候推开门就鬼叫："小花，你在哪里呀，需要我把你挖出来吗？"我们结伴而行的那一段旅程，我的行李只是一个小背包，比他的都少，谁承想，我居然住在库房一样的杂物堆里。

前途未卜之际，我日常外出以闲逛为主。广园新村自然是我在广州最熟悉的一块地盘。社区人口众多，处于中心位置的购物中心繁华热闹，周边的居民从早到晚来来往往、络绎不绝，带旺了周边几条商业街。购物中心的对面有一家麦当劳，前面是一块空地，往里有一张长靠椅，外围是一圈水泥砌起来的围栏。这条围栏真真是个妙处：齐腰高度，既矮且宽，前后二十多米，是绝佳的摆摊好地头。这里白天人流平平，夜幕降临，华灯初上，才见其江湖本色。

不知道从何时起，我去购物中心附近逛的时候发现空地已经被二十多位摊主轮番掌控。他们经常为争抢地盘纷争不休，偶尔也上演“刀光与血色齐飞，长发与文身一色”的画面。不滋事的夜晚，三四十个年轻人，女人们负责打理几十厘米的摊位，男人们就负责看场子、打下手，或者瞪着晶亮的眼睛巡视各方。摊位在矮墙上齐齐整整地排列开来，小手提电筒一照，亮刷刷的。摊位大多铺着一块布，或者是可以开合的大托板盒子，摆卖各种小玩具、小电子产品、发夹首饰、化妆品、电影录像带等。尤其是在夏天夜晚，人气旺的时候，小摊边经常围得里三层外三层。感受着这样鲜活的市井气息，我经常坐在麦当劳的靠椅上感叹：好一幅现世安好的美好画面！

当然，被战斗力旺盛的城管“围剿”过几次之后，摊主们也是异常警觉，防备升级。他们在街道的几个出入口轮番部署了潜伏在人民群众中的“哨兵”。只要几声急促尖锐的哨声穿透嘈杂熙攘的人群，摊主们就可以在三五秒钟内把摊上的东西收拾得“颗粒不剩”，然后消失在茫茫的人来人往中。

在这些摊位里，有一位大姐，看打扮是一位白领：干净的衣衫，整洁的妆容，整整齐齐挽起来的头发，清新靓丽，气质跟周边口花花（油腔滑调）的文身仔和叽叽喳喳的彩虹妹们截然不同。她的摆摊工具也独具特色，一个竹篮子，上面搭一条丝巾。

这样斯文的女子，自然是抢不到前排的风水宝地。她会在麦当劳大落地玻璃窗外的空地上，选一块干净的地方坐下来，借着落地窗的灯光，揭开丝巾。竹篮子里全是五颜六色、大颗大颗亮闪闪的水晶，被做成各种胸针、发夹、领夹、吊坠等，价格在30元到80元不等。缤纷的颜色和炫目的光泽，加之与众不同且实用的款式，经常她一开摊就招揽到一圈围过来的妹子们，我也是其中之一。不到两小时的光景，这位大姐就会准点收摊。

我把这个故事讲给董先生听，顺便通知他我的决定：我也要去摆摊儿了。他以困惑的眼神看了我好久，好似在想，眼前这个还是当初和他结伴走天涯、风月无边的才情女子吗？虽然他用尽了劝说和调侃的手段想让我知难而退，我仍实打实地给他唱了一出义无反顾的戏码："如果嫌丢脸，路上相逢装作不认识就好啦！"

说干就干，摆摊的东西都是家里现成的。第二天，我先翻出姥姥留下的一个红木描金的大雕花首饰盒，不过笔记本电脑大小。盒盖被年幼的我抠得不成个样子，上头的人物及花枝都已残破不堪，连仕女小姐眼睛里的黑玛瑙珠子也仅剩一个。打开盒子，下面是分门别类的几个格子，左侧是半个镜子，右侧可以插一些簪子、别针之类。我从家里挑挑拣拣选出一盒石头：绿幽灵、翡翠、玛瑙、琥珀等，盖子上再别几个小玩意儿。准备工作做好，我把盒子抱在怀里说走就走，心里想着的是壮士出门，实则一路忐忑，生怕别人看到我脑门上刻着"走鬼"二字。

来到麦当劳旁，前面一排的摊位已经被围得水泄不通，往后一看，卖水晶的大姐身边也是严丝合缝。我踅摸个最僻静、光线最暗的角落，打开盒子，环抱在手里，这样就算开始做生意了。

当真的站在街边，我才发现当初跟董先生拍着胸脯的所有雄心都是空谈的勇气。面对熙熙攘攘的人流，我始终置身局外；听着此起彼伏的叫卖，我只能充当看客。我既渴望有人来撩拨几句，又惊恐被熟人撞见而尴尬，毕竟学业未了，身上打着华南理工大学的招牌，毕业还能寻得一份好职业也未知。

我无数次想抱起盒子跑回家，就像从没在这里出现过一样，而内心却有另一个声音拼命地喊："这只是个开始，这只是个开始，这只是个开始……"意识放空，灵魂开始出窍，悬浮于闹市之中。

"喂！"依稀感觉有人要拉着我回魂，我先是被吓得心怦怦跳，定睛细看，身边不知道什么时候多了两位妹子。她们瘦弱纤细，两张稚嫩的面孔上，眨着扑闪扑闪的大眼睛。

"你好。"一位妹子首先打破了尴尬。

"你好。"

"你是第一次来吗？"

"对呀对呀，你们也是吗？"

"对呀对呀。"

我们继续有一搭没一搭地闲聊，一边看着来往的人潮。氛围一下就无限亲切起来，连温度都觉得升高了几许，说话的底气也足一点。我晃动了一下身子，发现站得久了，身子有些僵硬，浑身酸痛。

终于，卖水晶的大姐盖好丝巾，准备提着篮子离开。围在她那里的客人们逐渐散开，有几个女孩子向我们这边看过来，我们向前走了几步，站在麦当劳落地大橱窗温暖的光里。

"这是什么？"一个小姐姐指着一块亮晶晶的佛公问道，旁边还有个小姐妹。

"翡翠，玉的一种。"第一句话，我说得异常小声。

"啊，你在这里卖玉啊，不会是假的吧？"

"真的。"我坚定地回答。

毕竟人们联想到的玉都应该被摆在明亮、整洁的珠宝橱窗里，而不是在站街的走鬼手上。所幸那时的我长着一张真诚无邪的脸，所做所说都能让人相信几分。

“多少钱？”她指着最漂亮的一块老坑接近冰种的翡翠佛公问。

“10块钱。”

“便宜点吧。”

“8块吧。”第一次做生意，多少钱买的，就按多少钱卖，这也是我的第一条生意经。

“8块就8块，我俩一人一块。”

手忙脚乱了一会儿，我终于把穿好绳子的佛公送到了两个小姐姐手里，她们喜滋滋地离开了。人生的第一单生意就这么成交了，让我有点眩晕。

我的摊位再次陷入寂寥，但对首次出摊的我来说，第一单的成交已经给我打了支强心针。看着周边摊友们都打算撤离，终于人群中也瞥见董先生乐呵呵地来接我了。我掏出16元钱给他看，他大手一挥，对身边两位刚认识的摊友说：“走，一起去吃烧烤，给我媳妇庆祝一下。”

白天上课，晚上摆摊儿，生意零星半点，但这段经历我终生难忘。当时的我不明白，就算只能站着，我也要逼迫自己站在该站的地方。现在回想，我了解人生很多所谓的错过只是因为他们从来都没尝试过开始，所有的计划都只是停留在脑海中勾勒的阶段。

之后的若干年，甚至直到现在，当有朋友和我靠着暖炉、熏着檀香、端着咖啡，若有所思地大谈各种梦想、未来的时候，不管他们的理想工程有多辉煌、多浩大，我都笑言一句：“要不，先摆个摊儿试试？”他们会觉得我在开玩笑，其实很多时候，某些难以启齿的实话不过是选择了用玩笑的方式表达罢了。没有经过磨砺的人生，连心痛和哀伤都找不到正确的方式，照着诗里、戏里读几句别人的台词，还以为都暗合了自己的命运，殊不知这样浅薄的情感理解，连生命都成了抄袭。

感谢时光，感谢年轻气盛的自己，在不懂人生的时候，做了一件因为无知而无所顾及的事儿。

一方小铺

摆摊儿的日子并没有持续多久，我又萌生了更大胆的想法。

这天董先生下班回到家，餐桌上前所未有的整洁，摆放着各色菜肴：彩椒炒牛肉、香辣蟹、花生米、小青菜、鱼头豆腐汤，还有两瓶啤酒。

“哎呀，有啥事直说嘛。”董先生倒是分外醒目。

“没啥，尝尝我的手艺。”说着，我夹了块牛肉到他碗里。

“烧这样一桌子菜告诉我没事儿，你当我傻呀。再说了，你要不说清楚，我也不敢吃呀。”

董先生显然很熟悉我的套路。我就不藏着掖着了，一句话直奔主题：我要找间店铺做生意。

先是被嘲弄，再是被质疑，然而总归他还是同意了："你只要不找很贵的店，大不了我跟你一起挣工资养租金呗。"董先生是聪明人，拗不过媳妇就顺着。他的这句话简直成了我想法跑偏路上的指路明灯，让我从此在无畏之路上越跑越远。

找一间店铺的想法，深深地植根在我大脑深处，使我夜不能寐。广园新村购物中心周边沿途林林总总的店铺几百间，卖衣服、鞋袜、饰品的和美容店一应俱全，整日熙熙攘攘，然而那几千上万元的租金实在高攀不起。不过，我做事不是一般的轴，日复一日在这附近几条街上晃悠，不找到合适的铺位决不罢休。

终于，我找到了整条街上最不起眼的转角花店，门上贴着转让的告示。门面前有花坛遮挡，位置又凹进去半间，店铺八九平方米，大小不上不下。店主姐姐走得匆忙，不仅租金比旁边店铺便宜了一半，而且花架陈设全都留下了，就是它了！交完押金和租金，才想起和董先生打个电话，毕竟，装修的钱还打着饥荒呢。东拼西凑，其中艰辛不足为外人道也，也是从这时起，我养成了不张口求人的习惯。困难时期遇到出手相援的人，一定要刻骨铭记，这类人一辈子遇上的次数并不多，可谓生命中的贵人。也不要逢人就谈自己的窘迫，因为大多数人只是貌似同情地听听，转身就当成与他人闲聊的谈资。很多人生悲剧的版本，都是从自己嘴里演绎出去而不自知的。

店铺装修，由于审美水平有限及资金掣肘，心里虽有千般愿，现实中不过是刷白四壁，清空花架，加多一副茶台而已。把家里的石头分门别类清理出来，倒是项大工程：水晶、碧玺、南红、蜜蜡、檀木、矿标……一个个贴上标签，摆上架子。实在庞大的几件矿体标本，则被陈列在门前的玻璃橱窗里。

一方小铺就这样开好了，然而怎么看怎么别扭，和电视里陈设气派的古玩店或者珠宝店比起来，这儿寒酸得更像是一间杂货铺。不过年轻人最无所谓的就是面子和困难，至少那时候的我从没考虑过这两个问题，又或者困顿到了极致，仅仅小铺就已经透支了全部精力，无暇顾及面子问题。

不过，与周边店铺不同的是，为了赚租金，我需要先打完朝九晚五的短工，再回来小铺。好在公司不远，大概晚上七点钟就可以回来开店了。然而，不是开了门，就有流水客的。门口看似人流如织，而我这间小铺却无人问津，三五天过去了，依然是门可罗雀。但我始终相信，只要坚持，有时候希望的花真的会在绝望的谷底盛开。

周六早上刚开门营业，就挤进来三四个小妹妹。

“啊，你们家终于开了！”

“你这里是卖玉石的吗？”

“有水晶吗，老板？”

“我想看看蜜蜡……”

这方小铺总算迎来了客人，仔细一看，原来是在我第一次摆摊时买了两块翡翠佛公的女孩，这次把闺蜜也带来了，顿觉每个人都分外可爱，气氛一下子变得活泼起来。叽叽喳喳的女孩们像挖宝一样，每一件都觉得新奇，在一群水晶、碧玺、翡翠、石榴石里面挑挑拣拣、比比画画，时过正午，才恋恋不舍地离开。每个人都收获颇丰，人手一个岫玉手镯、一块钱硬币大小的老坑接近冰种的翡翠佛公、一条翡翠手链和石榴石手链，价格都便宜得令人心动。其中一个女孩还把我的琥珀坠子一起打包带走，因为里面飘着一片完美的叶子。

几个女孩刚喜滋滋地离开，我就马上喜滋滋地打电话给董先生，不管收益如何，先纪念小铺第一次开单入账。

希望可以很卑微，不过只要是种子，就有可能长成一棵树，我一直怀揣这个朴素的信念。但是，从幼苗长成参天大树谈何容易呀。半个月，两个月，半年……开店的生活一点也不像贾进说的那样，半年不开张，开张吃半年。大大小小的生意做了好几单，我还是一贫如洗，每个月都嗷嗷地等待着发工资交租金。好在彼时董先生投靠在阿里巴巴旗下，两个人仰仗一份薪水，日子暂且还过得去。他安慰人也自有一套：“小花，你看，上个月我们需要贴补2000多元，这个月只需要贴补800元，省下来的钱，我们去吃黄骨鱼吧。”

不管店开得怎样，生意做得如何，在一无所有没有牵绊的年纪，我们可以在午夜的街道手拖手散步，可以借着微醺在人海中放歌，可以在别人的白眼中不羁穿行。所谓青春，大抵如此。

朱砂红笔洗

某个周日午后，风和日丽。

我在店里正专心擦拭着一尊整体碧绿、分布着几条红色丝带的萤石花瓶。门口叮咚，走进一位女子，约四十出头的年纪，皮肤白皙，朱唇轻扫，眉如远黛。一套卡其色西装量身定制，脖子上搭配一条珍珠项链，耳朵上也是一对硕大的珍珠耳坠，神态悠然，大气雍容。打进门起，她的目光就锁定在桌子上的一个朱砂红笔洗上。

她走到跟前，端详片刻，问道："多少钱？"

"不卖。"难得有顾客上门，看上的却是不能出售的东西。

她狐疑地抬起头。

“这个是摔烂的，有镶口。”我在一旁解释。

女子把笔洗抓在手里，对着镶口左右端详，还是不忍放下。

“那多少钱可以卖呢？”看样子她并不想撒手。

但是这个价格还真不好说，还得从它的来历讲起——

小利是我的网友，感情因共同的爱好越聊越深。家在郑州，老公事业稳中有进，儿子乖巧好学，婚后女子终于迎来了岁月从容的好时光。她想开家翡翠店，邀请我陪她逛逛，考察考察市场。于是，我们在郑州奔现，一见如故，似是旧人。

她带我在郑州逛了两天，大大小小三十多家珠宝店全走了一遍，除去一两家规模较大、装潢气派的店铺外，其他的不过尔尔。她暂时放下了执念，带我吃河南地道小吃：水煎包、胡辣汤。水煎包一侧被煮得白嫩松软，一侧被煎得金黄酥脆，咬一口，三肥七瘦伴着大葱的馅儿，内里油焖过的红薯粉丝泛着透明的琥珀光，味儿正得妙不可言，再来一碗胡辣汤下肚，唇齿肠胃，每个角落都被抚慰得妥帖。

“你想去哪儿逛？我陪你。”小利问。

“神垕看钧瓷去？”我早已仰慕五大名窑之一的钧瓷许久，但一直无缘。

在去禹州的大巴上，小利跟我说：“这次是带你去拜访我儿子幼儿园同学的爷爷奶奶。据说，他们家祖上几代都是当地做钧瓷的名家，到了小朋友爷爷这一代，因为在当地为官，爱钧瓷的事儿圈内人都知道。现在去神垕看钧瓷，不用去博物馆，上他家就好。”

刚到禹州车站，小利电话就响了。一辆银色奔驰停在车站门口，司机垂手而立。二三十公里的路，眨眼即到。车停靠在一栋三层村建别墅旁边，一对六十岁上下的夫妇早已站在路边等候。阿姨一见小利就拉着手聊个不停，甚是亲热；我连忙和大叔打招呼，大叔身量不高，身子骨甚是精壮，满面红光，神采奕奕，一脸笑意，一家子都透着喜气。他带着小利和我向别墅方向走去。

别墅前面是一个大场院，被水泥硬化过，高出地面一米多，上面铺满了各种草药，旁边还堆着几垛。大叔指着介绍："这都是药材，现在正是收获的季节，趁着天好晒干了，到时候会有人来收，都是俺们这儿产的。"语气中满是骄傲。可惜我对药材一无所知，只觉得整个村落都飘着一股药香。

别墅的大门被缓缓推开，眼前的情景让小利和我顿时目瞪口呆。只见从门口开始，各形各色的落地大花瓶一字排开，高低起伏，直到后墙。靠着后墙的是一个暗紫色的宋式博古架，上面排满了斗大的花囊，太平尊、玉壶春、双耳葫芦等，不胜枚举。单看造型，倒不觉奇巧，毕竟中原瓷器最开始就是追求实用，后来才向艺术层面拔高。钧瓷与其他瓷器大不相同的就是色彩，除了天青、月白等常见颜色，还有玫瑰紫、朱砂红、孔雀绿、靛蓝等明艳浓烈的色彩，真像是上帝在我面前跌落了调色板，形成猛烈的撞色，又各色糅合在一起，异彩纷呈，丝毫不觉违和。虽然我对瓷器不大懂，然而，大美之鉴，殊途同归。

大叔招呼我们进去，示意我们可以拿一些小物件在手上把玩。我把手搭在瓷器上，感受着从指尖传来的冰凉和那穿越时空而来的韵味，像揽着稀世美玉。细细品评，才知其中奥妙所在。钧瓷入窑一色，出窑万彩。近距离地观赏会发现，很多颜色又融入了像细羊绒一样的其他不同颜色，使其显色更加丰富。钧瓷表层是一层透明的釉质，上面密密麻麻布满了不规则的裂片，而我还傻傻地以为会渗水。大叔解释道："裂片的神奇之处在于不断地变化，甚至拿出来几年裂片还能再变。世界上没有完全一样的树叶，也没有完全一样的钧瓷。”

尤其让我不能忘怀的是名家作品用料之讲究，釉质饱满澄澈，每一件钧瓷表层的釉质，不夸张地讲，感觉都是以5毫米的厚度上釉，最终残留在表面的还能达到3毫米，有些还会在底部形成水晶球一样饱满圆润的釉结，这是在其他瓷器上都不曾见过的。大叔又指点我看瓷器的落款和题跋，都是古往今来的名家。

绕着转手扶梯上去，楼梯旁边的小储物柜里也塞得满满当当。二楼和三楼的器物相对小些，多以美人觚、梅瓶、大盘等盛具为主，就连床下也收藏着一筐小规格的盘碟杯皿，造型之精巧让人爱不释手。

如非亲眼所见，我着实不敢想象乡间寓所居然藏着如此精美的钧瓷至宝，双目所及，精彩绝伦。就算我走过不少地方，看过不少世界级的博物馆，最值得称道的还是这个小村落农家自建的四底三层别墅里贮藏的钧瓷瑰宝。好东西，在真行家手里。

临别时，大叔和阿姨送了我一件现代柴烧的靛蓝色达摩，色泽清雅，造型极富神韵，让我受宠若惊，感激不尽，连忙道谢。大叔看我实在眼热，又把我带到别墅旁边的车库。车库角落存放着一个藤条编织的大筐。他指着大筐说：“这都是被我孙子磕碰过的残件，大多是名家作品，一直舍不得扔，你挑挑看，有没有看上眼的？”说完，大叔便坦然走开，估计也是看不得与爱物生生别离的画面。

挑，我明显是夺人所爱，不挑，估计这辈子也再无机缘。纠结许久，我捡了最小的一个朱砂红笔洗，有一片轻微的碎口，磕掉的碎片被报纸包好放在里面，底部有手刻落款。

此刻，在我的店铺里，女子还是牢牢地把这件朱砂红笔洗攥着，不肯撒手。

“那到底有价格吗？”

“抱歉，实在无法定价。”我也为难，“这是个残件儿，再说它原来的主人也没收我的钱，他是看我实在喜欢，让我在一堆残件儿里选的。”

“这样吧，我给你3000块！”

看来她是铁了心要，张口就给了我一个没勇气拒绝的价格。女子带着笔洗离开，留下一张名片，名片上印着“慕青”。我看着茶台上留下的3000元钱，整个下午恍惚得像在做一场梦。

很多人说我是幸福的，因为我与梦想为伴，殊不知，很多时候也是痛苦的。钱，可以成就梦想，为了钱，也可以贩卖梦想，就看你站在哪一侧。很显然，人穷志短的时候，我也只能选择和梦想隔岸相望。

把青春打包

小铺的生意也不完全是颗粒无收，比如说房租最开始要自己贴进去2000多元，运气好稍有盈利的时候，只需要贴两三百元，亏得少就当是赚了。虽然终日奔波于学业、打工和小铺之间，因乐在其中，我也不觉辛苦。

慕青后来也隔三岔五地来铺里小坐，把小铺的石头七七八八都翻了个遍。而自从慕青拿3000元“砸”了我一次之后，我一见她就很没出息地嘴软，殷勤劲儿不由自主就上来了。

“这串玛瑙多少钱？”

“这是翡翠。”她进来时我正在把玩一串新入手的红色塔链。

“翡翠？”慕青满脸疑惑。

“是天然无烧的翡翠，冰糖红色。”

我把证书递给她。近距离坐在她身边，才发现她的额头、眉梢有若有若无的浅纹。果真是家境优渥的女子，连岁月都待她温柔。

“我还以为是玛瑙，想买来配衣服，很少见到这样的翡翠。”

“是的，这也是我从两麻袋珠子里面选出来的。”

“两麻袋！”慕青愕然。

“是啊，我在华林寺那边淘到的。”

在大多数人的概念中，翡翠都是锱铢必较的小东西，可从我嘴里说出来居然要用麻袋计量，可想其中必有另一番故事。

广州华林寺片区是全国知名的翡翠交易市场之一。自20世纪90年代中期起，翡翠市场开始大规模发展，主要集中在长寿路附近、上下九步行街商圈、华林寺前、西来正街等内街片区，这里集聚着上千间大大小小的商铺，吸引着全国各地的珠宝商家到此甄选入货。在华林寺周边，还有几个行内人的交易市场，有专做毛货的、有专做片料的，我也是在一个偶然的机会邂逅了这片翡翠界的桃花源。随后时不时去捡料子，只需几十块到两三百块钱，就能买到细碎的冰种甚至玻璃种料子。那时候，玻璃种还不贵，紫罗兰的料子切出来都扔到一边去。

以前我看卖翡翠的人，都觉得他们高高在上。毕竟我口袋里装的都是几百块钱，他们开口就是几万元几十万元的报价，按这样的要价，他们随便一颗石头都可以打发我好几年的开销。其实翡翠行情整体走高，大概是2010年以后的事，在此之前很多年，翡翠中除了高货，都并不算贵，至少边角辅料，或者普通的砖头料，都是车珠子。

那时候卖翡翠的人看我，也觉得稀罕。年轻女孩，书生面孔，却挽着裤腿，蹲在地上，认认真真地讨价还价。也是在讨价还价的过程中，我认识了年龄相仿的阿欢。大眼睛，高鼻梁，皮肤白皙，略显丰腴，是个美人。不幸的是，儿时因患上小儿麻痹症伤了一条腿，走起路来倾着半边身子。每次看到她都是懒懒的、恹恹的，孤零零守着一个很大的翡翠摊位。我一来就逗她讲话，慢慢地便熟识下来。

“书鹏，今天家里刚做出来两麻袋珠子，等下班，我带你回家挑。”她一见到我就说。

来到芳村一栋村民自建房，在二楼一个工作间，我看到了传说中的整整两麻袋珠子，直径从三毫米到十几毫米，五颜六色，有砖头料，也有玻璃珠子。我第一次被车珠子的场面震撼到眼睛都看直了。

“书鹏，我给你第一个挑。”

阿欢客气谦让，我却于心不忍，因为这是一份无法衡量的人情。做珠宝的人都明白，对珠宝来说，最忌讳的就是“挑”。一块料子一批货，货头和货尾的差异用天渊之别来形容毫不为过。举个例子，同一块石头切珠子，里面一颗直径十毫米的满绿珠子价格可以10万元起步，而在普通位置切出来的十毫米珠子，不过值三五元钱。所以，珠宝的一次挑货很有可能就打压了另一批货。

我不敢挑傲娇的阳绿，也不敢挑晶莹剔透的玻璃种，但是私心又觉得机会千载难逢。那就从最少见但是价格又不昂贵的红黄翡翠着手。饱满圆润、通透油亮、色泽红润的红黄翡翠珠子被我逐个挑选出来，有几个带着些许白花皮状。如果不是亲自挑选，我难以置信能在车珠子中遇到这么好的货色。大的直径在13毫米左右，小的直径约8毫米，可以串成一条完整的冰糖红色塔链。

“多少钱？”我小心翼翼地问道。

“收你2000元好不好？”阿欢也怕收贵了，试探着问。

留6元钱坐车，我把钱包里的2800元都放下了，回去老干妈配馒头啃了半个月。

故事讲完了，慕青的茶喝完了。

她不置可否，丢下一句无关紧要的话："书鹏，你这间店里的石头，全部算下来值多少钱？"

我愕然。一下无从作答，数量之大、种类之杂，而且很多机缘巧合得来的东西，我自己也不清楚怎么评估价格，其中也不乏在各种滩涂上捡到的，并不需要成本。

慕青好像并不在乎我的答案，约我晚上再来喝茶。再见时，她穿一身宝石蓝休闲服，带着烟灰色的泰迪。

"书鹏，你这里所有的东西加起来，大概多少钱？"她直奔主题。

就算考虑了一下午，我也还是没什么概念，盘算不出一个确切的数字。"四年积攒的零碎工资都在里面了，这些固定的10万元出头，其他的我也说不清楚，而且有一部分我也是在景区或者别人店里淘来的，价格并不可亲。"比如我在郑州火车站那儿花了2000多元买的碧玺手链，实际价值不过三五百元。

慕青明显不在意这些。"眼下学校开学，我要去英国陪孩子读书，临走前，我想把你这里的石头全部打包走，可好？"她说话向来是单刀直入。

我惊掉下巴，难道这就是传说中的盘店，而且是不问价钱的那种？

"不过，还是需要麻烦你，把所有的石头都标注清楚，比如名称、年份、地点等。因为我要自己用，以后还可以留给孩子。这项工程浩大，估计你得整理好久，我先付你5万元可好？余款你和你先生商量一下，等我来取货时，一起清给你们，好吗？"她从包里拿出来簇新的五叠人民币放在茶台上，转身就去遛狗了。

我不相信这是真的，先是狠狠地掐了自己几下，然后飞速打电话给董先生："早点回来！"

接下来的日子，同学们每天都在忙着毕业设计，我则在记忆的长河里搜肠刮肚，把每颗石头的来龙去脉交代清楚。花了将近一个月的时间，整理出整整六大箱子。余款13万元一笔结清。

十几年过去了，慕青已经定居英国，从彼时起，她也混迹于这个圈子，经常在QQ空间和我分享流落在外的古董首饰。而她的一双儿女也就读珠宝专业，一个主修鉴定，一个专攻设计。慕青留言："从你这里打包走的石头，对他们的人生起到了不可估量的影响。"至于当时买下的笔洗，后来她拿去让行家重新修葺，估价就远远超出她买下整间店铺的费用。而那条被误认为玛瑙的翡翠珠子，她后来在英国重新设计时，设计师看到备注是"Burma Jade"（缅甸翡翠），自己没敢下手，喊自己的师父接活儿。

大学毕业之际，7月份离校之前，我收获了18万元，同时为广园新村的小铺就这样画上了句号，时间不过短短几个月。

卖出这间店，也卖出了我回不去的青春人生。我也辞了职，一时间从时间的漩涡中挣扎出来，不用为柴米油盐考虑，换得人生半点清闲，我又可以到处走走逛逛。

“书鹏谈珠宝”

翡翠的热处理

翡翠界有一句行话“红黄为翡，绿为翠”，这既反映了翡翠具有丰富的颜色，也从侧面反映了用颜色命名是翡翠名称的来源之一。

如果翡翠原石铁离子比较丰富，会在外层形成天然的黄色皮层，就是大家所熟知的黄翡，其颜色由浅到深，从淡黄到深黄，有的甚至会出现罕见的红色。

天然黄翡的形成需要独特的地质条件，因此大多存在以下几个问题：

1. 色层单薄。普遍厚度不超过10毫米。

2. 颜色不均。基本上没有完整统一的颜色，存在明显的深浅变化。

3. 种水不均。因为黄翡大多存在于原石的外皮，会出现水短、不够水润的情况。

4. 存在有杂质、裂隙、愈合裂隙等情况。

这些天然的黄翡原石在后期加工中，如果打磨去外皮，剔除杂质，能保留的完整色段并不多，大多数会存在原石支离破碎、难以加工的情况。

近二十年，市面上有大批量五花八门的黄翡挂件、摆件、手镯等。这种大量的市场需求出现的背后有几个原因。首先，从名字上看，黄翡指的是黄色或者红色的翡翠，先天具备了定名优势；其次，黄翡迎合了传统翡翠中“三色”福、禄、寿，或者“五色”福、禄、寿、喜、财的寓意需求；再者，天然黄翡备受雕刻大师的喜爱，因为借助俏色雕刻可以让作品更具艺术性。在消费者市场，黄翡因为色泽金黄，也经常被消费者赋予“招财”的说法。诸如此类的原因不胜枚举，稀少的市场供给量和庞大的市场需求形成巨大的商业缺口，给别有用心的人创造了商机，“有烧”翡翠便应运而生。

加热黄翡、热处理黄翡或者“有烧”黄翡，其实是同一种处理手法的不同叫法，是一个纯粹的物理过程，即把富含铁离子的翡翠原石，在特定的温度、特定的时长下进行加热，改变铁离子的价态，进而产生淡黄、黄、深黄、褐黄、红、褐红等颜色。

那么，如何肉眼鉴别黄翡有没有被热处理过？从外观而言，天然黄翡和加热形成的黄翡在颜色、厚度、种水等方面存在显著差异。

一、区分颜色和厚度

天然形成的黄翡大多颜色柔和，加热过的红黄翡翠会出现颜色极端的情况，甚至出现很鲜艳的红色。

天然黄翡的厚度很少超过10毫米，而且颜色不均。加热过的红黄翡翠其厚度可以在10毫米以上，而且颜色均一。

二、区分种水

加热会导致翡翠晶体变粗、结构疏松、比较干燥，甚至出现掉块儿的情况，和天然黄翡的温润、通透质地形成极大的反差。

加热形成的黄翡

天然黄翡

天然黄翡和加热过的黄翡在鉴定评估、市场价值方面也存在很大差别。

消费者如果在十年前买到加热过的翡翠，其鉴定结果是翡翠A货，备注一栏空白，什么都不填写。十年过去了，很多翡翠鉴定结果依然是翡翠A货，但是会在备注一栏写上“颜色成因未做检测”。这句话对消费者没有实质性的帮助，反而撇清了鉴定机构的责任。当然，更多机构对此则闭口不提。其实这种鉴定标准不统一、不严谨的做法，让黄翡的商业市场形成了巨大的、看似合理的商业漏洞。普通消费者因为接触比较少，既不了解翡翠颜色的成因，也不了解黄翡的热处理，对这些差异并不敏感，在没有标准的明确引导下，经常被颜色误导，花了大价钱买了有问题的黄翡，不仅货不对板，而且陷入了后期难以追溯的尴尬境地。

针对加热致色的黄翡，希望行业专家或者相关协会早日界定清楚成因和分类，提出明确的解决方案，还市场和消费者清白。

辨别翡翠的A货、B货、C货

市场上的翡翠分为A货、B货、“B+C”货和C货，鱼目混珠、真假难辨。A货翡翠即纯天然翡翠，定价由自身价值决定。其他三类翡翠不管看起来多么漂亮，都按假货论处，价格很少超过三位数。

A货翡翠：除了切磨和抛光外，无人工处理破坏翡翠结构的天然翡翠。

B货翡翠：经过酸洗漂白去除杂质后注入其他物质的翡翠，比如酸洗之后注胶与注腊。这类翡翠看上去偶尔会出现树脂光泽或者蜡质光泽。

C货翡翠：人工着色过的翡翠，局部可能呈现树脂光泽。

“B+C”货翡翠：酸洗漂白过后注胶再着色的翡翠。这一类翡翠颜色沿着酸蚀网纹分布，呈蜘蛛网状。

普通消费者若要肉眼区分是否为天然翡翠，主要从颜色入手，如果翡翠的色带纤细且密密麻麻，如蜘蛛网一般，多半不是天然的。另外，高级翡翠或者满色翡翠，任何时候在市场上都是稀缺的存在。如果发现颜色过于漂亮，价格又比较亲民的翡翠，品质基本上都要在心里打个折扣。遇到这种不太合理的商业逻辑，要多提高警惕，不要因一时冲动被蒙蔽了双眼。

· 第三章 ·

烈酒与江湖

小时候　总崇拜武侠剧里的英雄

背上一把宝剑　挎起一壶烈酒　在偌大的江湖留下一世英名

长大后　我学着侠客豪情

一身T恤短裤　随性又不羁

在刀光剑影的玉石市场　踽踽独行

冲动的惩罚

家嫂姓许，肤白胜雪，骨肉匀称，真如娇花软玉一般。我习惯称她为许小姐。

哥哥第一次带她回家，我们就甚是交好，直至现在也是无话不谈。她出生于知识分子家庭，自小受中国古典文化熏陶，成绩优异。其实她和我一样天生对玉石情有独钟，同时爱好文学、旅行，只不过因为遵从家训，所以走了一条循规蹈矩的知识分子之路。

她经常和我谈起张爱玲的母亲和姑姑的故事，两人常年旅居国外，手头拮据时，就拿个花瓶出去周转一下，又可以挨过半年。每每谈话至此，我们总是一起遗憾：怎么老史家就没个花瓶呢？不过据母亲回忆，以前姥姥留下的大量首饰，在特殊的年月里都以极便宜的价格卖掉了，置换成活命的口粮。

自从广园新村的小铺盘出去之后，我成了“有钱有闲”一族，出行变得更加频繁。许小姐从不介意我坐着绿皮火车任意西东，而且如非工作所限，也极乐意结伴前往。长途她去不了，短途我俩则形影不离，比如，她陪我去肇庆四会。

四会大名鼎鼎的天光墟是翡翠人的朝圣之地，销售的产品以未抛光的中低档翡翠为主。常常白天一有时间我就会坐车去逛逛。某个周末，许小姐被我撺掇着去养养眼。

天光墟旁边是翡翠城，在四会这地界，翡翠城的石头就算是高货了。正对着翡翠城门口，是一条甬道。往前走几步，左侧第二三家的样子，新开了一个档口，零零碎碎摆着几颗切得奇形怪状的石头。按行话来说，这就是刚从原石里面切出来做戒面的色料。因为颜色分布不均，切的时候从颜色边缘下刀，所以最终呈现出来的样就没个正形儿，算是毛坯。

眼睛瞥上这几颗奇形怪状的石头，我一下就挪不开脚，牢牢地被石头的色调吸引了：颜色鲜嫩而不轻浮、浓艳而不暗沉，不偏、不暗、不灰、不油，各方面均衡得恰到好处。我试着用手电筒看看底子，胶质般的细腻，看不见任何结构，若不是边缘处有几处絮状沉淀，几乎可以当成一团胶水。

购买玉石珠宝，这个行业历来讲究欲擒故纵的套路，再喜欢的东西都不可以流露出丝毫的欣喜。如果拿起来就爱不释手，等着你的就是漫天要价。此时的我已是颇有心得，谈话学会了不知底里的模棱两可。

我先掂量掂量旁边几颗小的石子，又揣摩一会儿两颗大的，一会说料子切得缺，一会又抱怨颜色淡，实际心里早已粗摸估量着，这两颗大石头做出来的戒面，切割弧度一定在十毫米以上，大小厚度都可以达到十五毫米。能把石头厚度切到十毫米以上的种，绝对是凤毛麟角了。

看似心不在焉地和俏丽的老板娘闲扯，其实我早已心乱如麻。碰巧老板娘表情既不太沉稳，也不太世故，聊起天来还带着羞涩，原来她同我年岁相当，芳名阿玲。

话到三成，我有一搭没一搭地抛个擦边球问："贵吗？"

老板娘拿起计算器，按出一个数字，沉思片刻后抹掉，又按出一个数字——16。

我紧盯着显示屏，反复确认了几次。这个数字，让我意难平。掉转头，装作毫不在意，实际上已经面红耳热地燥起来了。毕竟年纪和资历都尚浅，内心稍微有点风吹草动，脸上就挂出来了。

和许小姐继续在翡翠城里逛来逛去，精神却再也不能集中。平日里，基本上家家户户都还能看上一件半件，这次什么都入不了眼。那两颗奇形怪状的小石头，梦魇一样地杵在脑海里。所谓不动声色的情绪管控，在真爱面前通通无效。我漫无目的地逛着，随便走几步，都不时用眼角的余光扫回去。我和许小姐边走边聊，一路答非所问。她看我实在提不起兴趣，喊我去旁边面馆小憩。

"你真的喜欢吗？"许小姐发问。

在我的记忆中，我很少提及"喜欢"，因为我深知，"喜欢"从来都是标着底价的字眼，有些人有些事有些时候不配谈喜欢，尤其是远远超出能力之外的迷恋。我不置可否，既不点头也不摇头。

"你想清楚哦，这个价格可以在广园新村买个小两居了。"许小姐所言不虚。彼时认识许小姐十年有余，她对我的表里了如指掌。

"我从来没买过这么贵的，想都不敢想，只是看过方知情浓。"我实言相告。

于是我打电话给董先生求助。

“我看上俩戒面。”

“买呗。”

“开价16万块。”

“跟嫂子吃顿好的，回来吧。”董先生总是可以四两拨千斤地找到安慰我的最好方法。

一碗面，断断续续吃了老半天，却连一半都没吃完。临起身，再打电话给董先生，电话那头也听出了我的渴望。

“我刚发了工资，还有3万多块，如果你很想买，都给你吧。”董先生如是说。我脑海中浮现了电影里孤注一掷的画面，想不到自己也要亲身经历。

“我有钱，只是不知道值不值得。如果失手，你会恨我吗？”小铺转卖出去的钱都还在，但我从来没想过要以这样的方式一把花出去。

“不会。”董先生的语气有些迟疑，虽然他好像下了决心，却把难题又抛回给了我。

记不得前后给董先生打了多少个电话。董先生向来是我的定海神针，没他的话打底我心虚，有他的话打底我更加心虚，因为肩膀上一下担的是彼此的信任。

许小姐默默地陪着我，说：“如果你真的喜欢，就再去看看吧。”

算清楚卡里的额度，我再度站在阿玲面前。眼睛再次瞟上那几颗石头，我的心理防线全被摧毁：无论何时何地看到它，拿到室外从上午的自然光到下午的自然光，从太阳直晒到阴凉处欣赏，每一种光线下，都醒目娇艳得恰到好处。

人人都说翡翠行业开价很虚，我也不否认。珠宝行业本来就是靠眼力吃饭的，最终能谈到多少价格，更是八仙过海各显神通。这一次经历，我人生的第一笔大额交易，开价16万元，最终以15万元成交。掏卡出来，我的手哆嗦得不成个样子。阿玲刷过卡，也像抛出个烫手山芋般如释重负，这更让我忐忑了。

事后阿玲跟我讲，当时她老公也是压上全部身家买的这份料子，买的时候闭着眼睛卡就刷了。第一手切出来，俩人傻了眼，不知道这奇形怪状的玩意儿怎样才能抵扣押下去的全部身家，所以没敢继续打磨。至于摆档口，她也是新手上路，心里比我都慌。据她说，把全部料子都卖完，也才赚2000元钱。

迎着朝霞出门，归家时落日余晖已染红了整片天空。

我和许小姐一路无话。

到家，倒头就睡。

董先生下班一到家就把我摇醒："小花，你买了什么啊？"

我示意他去翻包。两颗看不出端倪的绿石头，他在台灯下看了很久，喃喃低语："就这？就值15万元？钱就没了？"我不作答，他也不再说话，整个晚上静悄悄的。

许久，董先生喊我下楼吃桂林米粉。

"老板，拿一瓶劲酒。"

"也给我一瓶。"我一把接过老板递过来的瓶子，在老板和董先生的注视下一饮而尽，喝完回家继续睡觉。

直到第三天，我才有勇气掏出包里的两颗石头。当初的千般喜欢，到现在都成了千般罪过。我在阳台上放一杯茶水，呆坐老半天。

回过神来，打电话给张友亮——玉器街最帅的男孩子，我能想到且能确认的毫无保留的朋友。我认识阿亮时，他才十七八岁的年纪。每次见他，头发都像是刚洗过那般飘逸，穿着球衣，留一头周杰伦的同款发型，唱周杰伦的歌，整个人都帅得闪闪发光。他最常找我说的话就是：“老姐，如果我妈打电话问我在不在你这里，你一定要说在啊。”

阿亮的整个家族都是做翡翠的，每次有拿捏不准的料子或者需要调整加工细节的作品，我都会找他们家帮忙，这次也毫不例外。

“阿亮，我有两颗还没做的蛋面，你那边有人做吗？”

半个小时不到，他就跑到我楼下，拿起石头掂量2分钟：“老姐，很贵吧？”

“你看多少？”

“我看不准哦。”

“10万元能看得到吗？”

“不知道哦，反正看起来很贵的样子。”

“你那边有靠谱的老师傅吗？”

“放心吧，老姐，包给我，这么靓的货，必须让我爸磨。”风一样的帅小伙跑了，前后不过10分钟。

很久我都没有勇气打电话再问，和阿亮之间开启了音讯全无的模式。

所谓没有消息就是最好的消息。大约2个月，日子像是终日被煲在瓦罐里的中药，黑乎乎的散发着令人不适的味道。那段时间里，我整日精神恍惚，每次起床都像是踩在棉花团上，眼前一黑，需要扶着东西缓冲一阵儿，才能进入下一步。除了等待，我对任何事情都提不起兴趣，而这种等待也并没有准确的时间和确定的结果。我终于为自己一时的冲动和偏执的喜欢付出了沉重的代价。

直到有一天，“丁零零”的电话铃声划破房间的寂静。

“老姐，蛋面卖啦！”阿亮在那边扯着嗓子呼叫，“XX万！XX

万！晚上过来请客，拿钱。”啪，电话挂了。

价格的余音让我产生了强烈的耳鸣感，每一个字符都像一管子强心针注射进体内。我迎着窗边的太阳，眼泪夺眶而出，一刹那睁不开熬得通红的眼睛。我立即去找能出门的光鲜衣裳，随即打电话给董先生：“快回来快回来，我们去背钱。”

在餐桌上，阿亮向我引荐他的朋友们。和他们坐在一起，不得不感叹“一进学堂误终身”，在座的全是不到二十岁的年轻人。小女孩们不施脂粉，天生丽质，小伙子们十七八岁已经是生意上的一把好手。这就是传说中的莆田帮，翡翠界的“扛把子”，牢不可破地把控了翡翠界的半壁江山。阿亮特意指着一个女孩子给我认识：“老姐，这是莫莫，缅甸人。你的蛋面就是她澳门的客户买走的。”我连忙躬身感谢。和莫莫闲聊几句，才知道她也不过十九岁，夫婿家在缅甸累世做翡翠生意，她一嫁进去，就成了整条街上咖位最高的老板娘。

饭局结束，阿亮递一个袋子给董先生：“大哥，钱拿好哦！”

董先生一手拉着我，一手提着袋子。坐在出租车后排，彼此确认一下眼神，两张红彤彤的大脸，脑门上沁出密密麻麻的汗珠，心跳此起彼伏，比何时都强烈……

到家，打开灯，锁好门，进房间，拉上窗帘。把钱一股脑全倒在床上，接下来就是数钱的画面。数来数去，数来数去。最后分出来五沓，每沓都多200元钱。董先生和我面面相觑。马上打电话给阿亮，他说：“没事，老姐，可能他们那边搞错了，明天退给他们就好了。”

阿亮说得轻描淡写，但很多年后我才知道，这其实是他们设置的一道信任试题。如果某些巧合显得太过于巧合，应该就不会只是表面看到的那么简单。

初征公盘

飘了，我真的是飘了。

两战两捷，一个一文不名的乡下毛丫头现在膨胀到开始发愁花钱的事儿，连照镜子时都觉得里面那个人应该是对珠宝有慧根，双眼注定有洞穿一切的魔力。强大的自我催眠，又让膨胀感上升到一个新台阶：我决定去佛山平洲看石头。

一直到现在，平洲都是国内最大的翡翠交易市场，缅甸的石头到中国境内，都会在平洲公盘。一逢公盘这样的盛事，揭阳、四会、广州等地的商家都会云集而来，把平洲玉器街堵得水泄不通。

拿着会员证，我也挤进去看。偌大个场地，乌泱乌泱挤满了淘金者。而我每次在里面，虽说不至于千里挑一，但起码也是百里挑一或者几百里挑一的女生。讲白了，我就是在标场里干大老爷们的糙活儿。我和一群，不，是数不清的大老爷们挤在一起，毒辣的太阳底下，大家淌着汗、冒着油、浑身黝黑，散发着烟味和体臭味的混合气息。只要我挨过最难受的前个半小时，后面就可以忘乎所以地在现场从早泡到晚，直到闭场。

最大的露天标场宽有六十米，前后八十多米，一排一排地堆满数不清的翡翠原料。有半明料、片料，有开窗的，有没切的，有拳头大小的，也有动辄几百公斤的。我细致地研究着每一块石头的纹路、肌理、颜色分布，在什么情况下会出现色带；仔细地比对着每一种原石的皮色，预估它切出来之后肉头能达到什么程度；沿着石头的每一条外纹和它的棱角，推测里面纹的深浅，有可能达到什么样的出成率。

从各种书本上学到的皮毛，从市场上东拼西凑的道听途说，还有实战中微不足道的经验及靠臆想孕育出来的运气，就是我全部的经验值。眼前的这些石头，每一块我都可以编排得头头是道：这块一看就是形成于冲击矿床的大马坎，皮壳光滑，手感没有砂粒，而且有油性，切出来至少能成为冰种，运气好的话成色还是黄加绿，巧雕一下就是福、禄、寿“三色”的小摆件；那块一准儿是莫西沙场口的，已经蹭掉半边皮，半明料子，里面隐隐约约水头都显出来了，打掉外面这层雾，估计能出来玻璃种，运气再好一些，旁边一侧的纹理处，说不定渗进去的有色带，到时候“宁要一条线，不要一个面”，有机会切玻璃种挂翠；这块切开的石头，上面的“苍蝇翅”那么明显，一看底子就很粗，直接排除；那几块冰冰的粉紫色，冰种紫罗兰实属罕见，一定要记下编号，志在必得；这块黑乌沙皮壳粗糙，干涩打手，但是说不定赌性很大；这块皮子那么粗，棱角挂手，切出来里面也是砖头料，直接放弃……

我蹲在地上，细致入微地品评眼前的每一块石头：研究石头的纹路、肌理和颜色分布；评估石头在什么情况下会出现色带；比对着每一种原石的皮色，预估它切出来之后肉头（翡翠的肉头是指原石内部没有发生蚀变的部分，是翡翠的主体及核心价值所在。）能达到什么程度；沿着石头的每一条外纹和它的棱角，推测里面纹的深浅和有可能达到什么样的出成率。第一次上手，就觉得自己已经是行家里面的好手，这些内心戏码的反复论证，更让自己觉得万无一失，同时自信地认为只要我出手，必定是这场投标里面最大的黑马，从此玉器街都会流传我的传说。

我要出手了！

一颗、五颗、十颗、三十颗、八十颗……对应着有可能会爆色的石头、肉头大致可预测的石头，只要在我投标能力范围内的全部都写进标书里。万事俱备，和亿万富翁的差距，仅差一个开标。

开标日一大早，我就把自己从上到下捯饬精神，拉上董先生，直奔平洲玉器街。

五十八颗中标！从数量上，我真的成了最大的黑马！在别人诧异的眼神中，我心花怒放地付过尾款，然后吆五喝六地指挥董先生搬运石头。我越看越觉得，每一颗石头势必都要爆色猛涨！连中饭也等不及吃，我们直接飞奔到一个朋友的切割工作室。

小水管接起来，小飞轮转起来！我瞪大了眼睛，目不转睛地盯着，似乎有眼力加持，可以提升石头出成的颜值。

吱吱吱，小飞轮转个不停，从中午到下午再到晚上……从砖头料到“狗屎料”到蜘蛛网一样的碎纹，从满怀信心，到贼心不死，到心如死灰……希望在飞旋的轮子下被粉碎成残渣。我望着满地稀碎，心像是被丢进了数九寒冬的冰窟窿。

“走，小花，我带你去吃鱼。”董先生拍拍我的肩膀。

从玉器街的巷子里走出来，整条街差不多都已经关门闭户。玉器大楼到街口，短短的五百米，是我走过的最漫长的路，因为每一步都沾上了我的眼泪。

禁不住打击的我失魂落魄，终日瘫坐在阳台上，余下的事情都拜托董先生打理。他白天去阿里巴巴上班，下班后就赶到玉器街做石头的收尾工作。很长一段时间，我都没有面对失败的勇气，只想做一只埋在沙砾中的鸵鸟。

清静的一个月，我也终于想清楚：之前所谓的运气，其实也是积攒下来的实力。

慕青把我整个店铺都打包去了英国，但是她拿走的每一颗石头，都不是大众商品的审美。皮色沁到枣红色的鹅卵石，开窗的一面白如油脂，那是我走了几十公里的河漫滩里，捡了几十颗石头，最后唯一保留的一颗；硕大的琥珀摆件，那是我在腾冲市场从堆得像小山一样的原矿里面挖了半天，直接从缅甸人手里买的；那串红翡翠塔项链成了孤品，我到现在都不曾再看到过；还有一串108颗水草玛瑙项链，石头清澈见底，每一颗里都有一层玛瑙花，每一颗都像是山水画，颗颗完美无瑕；还有那些古币，是我搜遍整个县城的村落得来的，整整积攒了十年……每一件石头拿出来，都是一段沉甸甸的记忆。

我从阿玲手里买过来的蛋面，只不过是我拿走了她的运气，余下的切割、打磨、抛光等工作，都是阿亮帮我做的。同时借着阿亮的圈子，借助莫莫的渠道，才有机会结交到澳门的大客户。然而在此之前，我都膨胀地以为这就是靠我自己的智慧获得的成就。急于求成的贪欲，也让我驾驭不了到手的钱财。从来处来，到去处去，每一种事物都有自己的归途，我只不过偶尔客串了钱财的过客。

公盘的失利，让我前所未有地摆清了自己的位置：上一段实力花光之后，我并没有增添新的技能，反而让欲望走到了实力的前面。面对赌石这种新的交易模式，我还只是个门外汉，东拼西凑的知识在实战面前，成了可笑的易碎品。一切都得从头来，不管是职业生涯还是个人修为，需要走的路都还很长。我必须为自己的无知埋单。

“小花，我养着你。”

情到深处无须澎湃，一句话足以让我重整旗鼓，无后顾之忧。董先生总是我的一剂良方。

师父领进门

2007年新春伊始，我整日在荔湾区的几个珠宝市场闲逛。从华林国际到后面的名汇国际珠宝玉器广场、旁边的荔湾广场，以及华林寺后面摆摊的地方、老街里面的作坊，到处都有我的影子。每日触目所及都是各种闪闪发亮、流光溢彩的石头，被红翡绿翠馋得如痴如醉。然而，看似天天在这个圈子里忙碌，实际上始终漂在八竿子打不着的外围。

不过平洲折戟沉沙一役，让我再也没有了勇往直前的勇气。我现在只想切进去，切进去这个圈子就好，然而谈何容易。有些东西在走近了才能感觉到：行业内外之间有一堵围墙，看不见、摸不着，也翻不过去。虽然墙没翻过去，但所幸脸混了个烂熟。

听口音结识了一位老乡兄弟，复姓“西门”，年龄略长几岁，有时碰见他跑上跑下地炒货，有时又看见他拖一个大平板车在后街拉货。他俊俏的娘子则每天守着华林国际C馆C区的档口。

C馆的档口，门面宽不过三米，深度也不超过三米，巴掌大的方寸之地都能卡进去两家店，这里真是寸土寸金。西门家的也不例外，门面分开两家，租金一人一半。摆货都是平铺一张大板，上面是一层一层的凹槽，订好纸板，货品就被一层层整齐地排列上去。货主们大多搬把椅子，身子往后一倚，有人来就招呼一下。

抱着同乡三分熟的念头，我在西门家档口前搭闲话。话过几轮，试着问问：“你家店铺还分租吗？”老板娘疑惑地看着我。

“后面我想放一张桌子。”

“后面做不了生意呀。”老板娘好心提醒。

“有时候就是想坐着歇会儿。”

“那中啊，我跟我老公商量一下。”既然可以分担租金，西门夫妇何乐而不为。

一张桌子摆下去，宽不过八十厘米，带把椅子。租金一个月800元。从此，我开始了坐板凳听别人聊天的日子。道听途说的闲话，是很好的学习渠道，关键是怎么鉴别筛选、归纳信息，取为己用。直到现在，我都觉得听人聊天是门学问，尤其是同行之间，没有人会直接地把商业机密宣之于口。但是，热衷于吹牛的男人和热爱家长里短的女人在特定的环境下总是从各个角度描述他们眼中的翡翠市场：哪家货赌赢了，哪家石头赌输了，哪家货起高了，哪家看走眼买到假货了，哪家遇到新手宰了一笔大的，当天就关门大吉回老家避风头了……这样多的信息，天天热闹得像某音视频里的片场。于是，真真假假、虚虚实实的聊天成了我重要的信息源，我需要从他们的语气、神情、争执中辨别信息的可信度，从多条聊天的脉络中推测逻辑的合理情况。日积月累，我学会了在闲言碎语中过滤和梳理我想要的信息。

熟识一段时间之后，我也试探着请求西门带我一起去看四会天光墟的夜市。他嘴上应承着，却从不见行动。现在想想，那时候也是单纯，说了两三次不见后续行动，还只是觉得别人不方便，想着再等几天就好了，却并不晓得已经是一种很委婉的拒绝了。

和西门分租的是位莆田阿姨，六十多岁，一头乌黑秀丽的长发每日都打理得纹丝不乱，披在肩上。十几年过去，时至今日，我也再没有遇见过第二位六十多岁的女性有那么漂亮的“黑长直”。她身形纤瘦，仪态婀娜，终日笑脸对人。

某日，阿姨发话：“阿鹏，我带你去天光墟吧，晚上你住我家里。”

我受宠若惊，完全没想到先向我抛出橄榄枝的是一位只相处了几天的阿姨，每日所聊也不过是几句家长里短。那时候在华林国际做翡翠生意的，她算年纪最长的一位。美丽能干自不消说，她的一番与生意无关的言论我也一直铭记：“如果我有了儿媳妇，一定都听儿媳妇的话，想想都知道，又年轻又念过大学的女孩子，比我这个老太婆强多了去。”想来天下婆婆大多数都沉醉于自己积攒了半辈子的智慧，等着媳妇上门好有用武之地，但这位漂亮阿姨却不按常理出牌。

和董先生打过招呼，晚上我就去漂亮阿姨家里。按福建人的习惯，她用电饭煲煮了一大锅海鲜粥，怕我觉得口味淡，特意调了份酱料给我，俩人边吃边聊。夜深时，她拿出一条毯子放在客厅沙发上，又特意给我架起一副蚊帐，嘱咐我早点睡觉。

迷迷糊糊中，有人一边轻拍我胳膊一边喊我的名字，最后我被摇醒了。漂亮阿姨叫我快点出门，匆忙中看一眼时间，大约是凌晨两点。用冷水洗把脸，我们便匆匆出门。她一路走一路催促我："快点、快点！"我则紧紧跟着她的脚步。

一辆中巴车停在华林国际C馆旁边的空地上。我看了一下周边，诧异地发现，一眨眼的工夫，数不清的身影从各条黑黢黢的巷子里冒出来。广州的夏天来得特别早，这些人大都一副庄稼人的模样：衬衫、背心、大裤衩，趿拉双拖鞋。他们一路小跑，和平日里气定神闲的大老板派头大相径庭。四五十个人的座位，上车后三五分钟就坐得满满当当。来晚的，只好悻悻回家。整个过程都是在抢时间。

而我刚沾着座位就睡着了，再次睁开眼，又是漂亮阿姨推着我说"到了，到了！"前面的人都匆匆下车了，看表，3点刚过，车正好停在天光墟的正门口。

天光墟是一个很大很大的铁皮棚子，里面是一条条半米来宽的水泥条案（一条条案长度可达二十米左右），还有内外都稀稀拉拉用铁链捆着的几个高脚凳子，方便人坐下来看货。头顶风扇呼啦啦地转，交织着场馆里的人声鼎沸，嘈杂得总像是下着一场不会停的暴雨。

我跟在漂亮阿姨后面，一趟一趟地走、看。粗略盘算一下，卖家总有二三千家。他们面前大多摆几个盘子，里面摆着刚做好的毛货，多则几十件，少则三五件。不知道是被喷了油脂，还是类似头发啫喱之类的东西，石头上面总是油乎乎的，在手提式电筒的照射下散发着油腻腻的光泽，味道也有点刺鼻。用手摸一下会沾上一层油，我摸了几次之后，便没了兴致，专心跟着漂亮阿姨走。她每走几步就回过头跟我念叨："你看上什么了？我帮你谈价格，买回去放在我档口卖，把路费赚回来。"

"把路费赚回来。"第一次跟漂亮阿姨出门，她真的是为了我40元的路费操碎了心，一路都在计划怎么帮我。然而作为还没有被生活毒打过的新手，我越走越提不起精神，越走眼皮子越重。刚好遇到旁边保安的椅子，像是看到了救命方舟，往上面一瘫，一步跨入梦境，再也不理会闹市的嘈杂。我心想，就算是天塌下来了，我也要睡上一觉，耳边依稀听见漂亮阿姨把我拜托给旁边的保安大哥。再次醒来，又是漂亮阿姨把我摇醒："走了，阿鹏，回家了，回家了。"

我大概跟漂亮阿姨在天光墟走了三四次才算是倒过来时差，终于能够在下车之际精神一抖，启动天光墟的夜间模式。漂亮阿姨毕竟岁数在那里，熬一次夜三五天回不过神，我仗着年轻，平日里也多跑几次。彼时的我，仰仗董先生的庇佑，暂且生活无虞，还可以充当不知愁滋味的看客：只看不买，以逛为主。不知不觉倒是暗合了珠宝圈的潜规则"多看少买"，这四个字后来我也经常分享给朋友。

每日来来去去的作陪跑，最高峰时一个月有28天我都泡在天光墟。看多了，自然慢慢看出了天光墟的另一种名堂。那时候的天光墟，市场管理并不规范，鱼龙混杂。有些商家是只卖A货，有些商家是卖B货或者"B+C"货，还有的商家什么都卖。成败取决于眼力，新手则仰仗运气。有些石头细腻得什么结构都看不到，抛光出来至少都是糯种，如果打灯看，透明度特别好，极有可能是冰种；有些石头看起来整体绿油油的，抛光起货之后，可能色调又灰又暗不清爽，底子也会偏干，晶体粗大，裂纹也会很多；有些石头看上去满色且漂亮，开价又不至于是天价，那多半会有猫腻；还有开价也是一门学问……

有天，我在档口呆坐，漂亮阿姨从抽屉里拿出一包货给我，满满一袋子。

“这些全都是在天光墟买回来的假货，你有空多看看。”临了还加了一句“华林C馆做翡翠的，家家户户都有假货，有时间你去借过来看看。”

这一句话，既表明当时做假货风气之盛行，也表明造假技术门槛之低，技艺之精湛。即便是行业的老手，也难免有看走眼的时候。

于是很长一段时间，白天我都会端坐在小桌子旁，推敲那些借回来的各式各样的假货：有些是单纯染色，能看出来团状分布的颜色，或者沿酸洗缝隙分布的颜色；有些是注胶的，能看出来石头的树脂光泽，用玛瑙棒敲击，声音比较沉闷；有些是用杂石冒充的，能看出来粗大的晶体颗粒；有些是水沫子，抛光完成之后，对着自然光能看出来依稀像是白水晶，拿在手上，明显没翡翠重；有些是局部酸洗的，能看出来凹下去的橘皮效应……各种造假让我大开眼界。看累了，就去华林国际周边的市场逛逛，广州市场90%以上都是已抛光好的货品。每天逛一圈，看到的石头数以万计。就这样，我晚上在天光墟看毛货，白天在华林国际看抛光之后起的货，对比参照着学习了两年，评估翡翠的眼力大有长进。

某日下午，我还是坐在桌子后一边养神，一边听着飘入耳朵的只言片语。

西门老板进来档口，嘴里哼着愉悦的小调，一只手侧揣在裤兜里，满面抑制不住的笑容，把尚且浅显的皱纹挤得比平日里深了三分。

他掏出个东西给老板娘看，说是从四会那儿买回来的。老板娘一上手，连番感叹，招引得旁边几个店铺的老板、老板娘们也聚集过来，一群人围着七嘴八舌。这一圈儿人里有家里一直干这行业的第N代继承者，有从做雕刻转行过来的手艺人，还有洗脚上岸没几年的庄稼汉。我坐在后头，只能看到肥硕的屁股和油腻的脑袋，好奇心却根本插不进去。

终于等到大家都散开。我一眼瞥见两粒没抛光、饱满肥厚的平安扣，在老板娘的手上散发着幽冷的高光。她正沉醉其中。

“那不是假的吗？”我脱口而出。

此言一出，顿觉失言！于情于理，我都犯了一个极大的错误。但是覆水难收，虽然话音不高，旁边三五个人都已尽收耳底。

老板娘用眼角的余光狠狠地剜了我一眼，我满面羞愧地低下了头，周遭的空气瞬间降至冰点。

漂亮阿姨连忙打圆场：“阿鹏也是好心，做个鉴定不就好了嘛，也不费事。”

片刻工夫，西门老板再回来时垂头丧气，已经意气全无。他把鉴定证书扔在台子上，上面赫然印着“B货”，备注“局部酸洗注胶”。老板娘愤然不平，换了一家鉴定机构，结果依然如此。

事情水波不兴地过去了，西门老板作为天光墟的常客，自然是掘地三尺都想再找回卖家。但是四会的翡翠行业，70%以上都由一个地方的人把持着，而那个地方又以多生孩子为主业，一家子堂亲表亲算下来，生意自然有其他堂亲表亲做替补，卖家半年都可以不用露面。这件事，最终也只能成为“无头案”。

当我一直很想挤进一个圈子时，发现走投无路，当不抱希望时，一场意外却让门里的人自己把门打开，向我发出邀请。自从我上次脱口而出后，那条巷子里的老板、老板娘们，都开始找各种借口和我闲聊，殷勤地喊我去他们店里坐坐，经常拿出一块块石头，问我觉得怎么开料合适，出货会去到什么行情，是卖料子合适还是做出来比较划算……

我也渐渐明白一个朴素的道理：之前并不是他们拒绝我，而是一个人想和什么样的人交往，就得先努力达到他们认可的程度。至于方式和过程，别人没有义务教会我。

漂亮阿姨把我带到了天光墟，为我推开了天光墟的大门。尽管她只是带过我几次，在我的内心深处，漂亮阿姨是我唯一的师承。她应该想不到，她的言行于我整个人生而言是多大的温暖。

“师父领进门，修行在个人。”自此之后，我一直在珠宝的路上慢慢地摸索，日复一日地参照比对数以万计的各色翡翠。所谓的聪明和天赋，不过是在别人看不见的地方，一直默默耕耘。

现在，漂亮阿姨在上海含饴弄孙、颐养天年。人，一如既往美如画，带着温暖、谦和的微笑。

天光墟众生相

十几年前，天下翡翠，大约三分之二出自四会，而四会的翡翠又集中出自天光墟。可以说，在翡翠行业，四会天光墟几乎是所有翡翠从业人员梦想开始的地方，是翡翠人的朝圣之地。十几年后，即使经历了网络商业模式的洗牌，方方面面发生了翻天覆地的变化，但作为普通翡翠的初级市场，玉都天光墟在翡翠行业依然有举足轻重的地位，每天都是往来如织，江湖咖位不容小觑。时至今日，翡翠市场依旧呈三分天下局面：国内市场流通的中低档翡翠主要出自四会，中高档的则出自揭阳，手镯集中在平洲。至于其他市场，如瑞丽、腾冲、广州，大抵是二级市场集散地。

现在的天光墟，规模上比以往扩大了4倍不止。种类上，以前是以翡翠毛货为主，现在除毛货以外，抛光的、玛瑙、水晶、蜜蜡等各类石头不胜枚举，经营时间也从以前的凌晨时段调整到全天候。一个摊位，几个小时换一茬儿摊主。一天下来，业主可以收几轮租金。这种火爆程度，在其他行业，我想并不多见吧。天光墟的兴旺也带动了周边的经营市场，如翡翠城、玉博城、摆件市场等。

直到现在，“摆摊”二字在翡翠行业还具有顽强的生命力，揭阳、瑞丽、平洲等地翡翠交易大多也还以摆摊为主。所谓的摆摊儿，就是形形色色的人提着个篮子，篮子里装一盏充电式电筒，几个盘子，盘子里摆着“可多、可少”的若干刚雕刻好的油腻腻的翡翠毛货。摊位大同小异，但这盏电筒实为一个大有讲究的道具。阿亮曾讲过一句话：“平洲翡翠大楼的货，我看不懂，老爸说灯光太厉害。”此话过耳，我便记得，但却花了几年时间才体会清楚灯光的奥妙之处。以天光墟的灯光为例，卖色货（绿货）的，照着的都是黄光；卖种水料的，大抵是白光，偶尔也见淡蓝光；卖红翡、黄翡、紫罗兰、墨翠的，冷不丁会用一个七彩射灯。而每一类型的灯源，对翡翠的影响都不相同，反映在价格上更是千差万别。

摊主面前摆放的货品，在外行人看来不过是一盘子石头，一问价格，摊主也是漫不经心地拿起计算器，摁出或“3”，或“5”，抑或“20”等数字，丝毫看不出货品的高贵之处。行内人自然是知道，这些数字都是以万元为单位。

每盏灯光下，每个盘子里，每位摊主面前，都是一个暗流涌动的修罗场。买卖双方都假装心不在焉地飘忽着双眼，寻觅气息相投的猎物。偶尔眼神有个碰撞，又马上避开。买家不想卖家看穿他眼中的一见钟情，卖家不想买家看出他的急不可耐，双方都用最漠然的神情掩盖着内心的狂躁。卖家形形色色，有青涩的少年，有还带着娇羞的少女，有膀大腰圆一直揉搓肚皮的爷们儿，有手工忙个不停的妇女，有两鬓染霜的老妪，还有大腹便便的临产孕妇……而像我这样的年轻女性买家，在流水一样的人群中逛来逛去，全场也不过两三个，大约是千分之一的概率。

不同面孔的背后，可以清晰地阅读出不同的人生过往。如果不是石头的吸引力更强，我应该会是个很好的看客或者聊客，大铁皮棚下的众生百相，浓缩了社会的大部分影子。自我入行，身边的面孔换了几茬，旧人黯然离席，新人乘兴登场。外人看着里面灯油火蜡，往来如织，终日一幅喧闹繁荣景象；身居其中，方知内部每天都经历着更迭，有些朋友走着走着就另寻门路去了。

置身天光墟，身边几千号人熙熙攘攘，各种噪声排山倒海般连绵不绝。生活中，我是很怕噪声的人，但来到这里，我无暇顾及这些，和其他人一样，一边走一边用眼睛过滤石头，用脑子计算，思考着毛货起货会达到什么程度？看似绿油油的一片，抛光之后，颜色还剩多少，色调会不会偏色、暗沉？眼前的茄紫、蓝紫甚至帝王紫，抛光粉的影响有多大，能不能出证书？裂纹介于手镯毛坯边缘的位置，磨得掉吗？磨完是多大圈口？哪怕只是两毫米的差距，直径五十二毫米的和五十四毫米的价格又可以差一倍不止……诸如这些看起来毫无章法的逻辑，里面蕴藏的都是一笔极细的经济账。一念之偏，说血本无归也毫不夸张。做生意，所谓的蝇头小利，也不过是斤斤计较着再多谋划一点。

在天光墟混久了，我的衣饰习惯也发生了本质性改变。可能是广东高温天气特别长的缘故，一年四季大部分时间，这儿的男人都是短衫、短裤、拖鞋出场。不管是簇新的装扮，还是积满旧渍的行头，衣服下面大多是黝黑的皮肤，胳膊、肚腩、脊背总是裸露着，以此昭示作为爷们的雄性气概。穿梭在人群中，黏糊糊的皮肤经常会有意无意地贴过来，混合着汗液的酸味，从脚底传来的臭味，让人防不胜防。有时迎面走来的人会故意打一个哈欠，那气味更是不可名状。

午夜，在这个草根群体里以男性主宰的世界，在这个荒蛮的框架下，反抗和沉默都不是好的选择。安全，只能是从约束自己开始。不管遇到什么情况，先收好自己的情绪，挺着一张木乃伊的脸，落荒而逃也要一脸镇定自若的样子。

也是从那时开始，我的穿衣打扮越来越简单，一身黑衣，配上刚理好的寸板头，有时候还戴顶帽子。记得有两三年，同款、同色的裤子，我每次一买就是两三条。裤子前后都有口袋，再加上裤腿边共五六个口袋，可以把钱、手电筒、手机、其他工具等分散放。而上衣总是最简单的T恤。同样的衣服轮番穿，就像从不曾换过一样。就连董先生也曾打趣地问：“兄弟，怎么越来越穆斯林打扮了？”

在天光墟的这种摸爬滚打的简朴日子，一连持续了好几年。

凌晨围猎场

天光墟的每一天都可以上演不同版本的戏码，演员一部分是天光墟的老板，其他是来自全国各地的群演。一场场戏在杀青之后，江湖上多半不再相见。

某个凌晨，天光墟迎来了四位年轻外地客，一进场就被锁定是主角身份，光环耀眼夺目：二十来岁，有钱，每个人都背着个鼓囊囊的名牌包，从头到脚扑面而来的都是人民币的气息；霸气，路是往前走的，胳膊和腿可是往两边横着摆的，还描满了五花八门的文身；眼神像刀片儿一般唰唰地抛出去，往两边柜台上扫，一副要在翡翠市场指点江山的气势。

自四位小爷入场，就引起了天光墟老板们的

暗涌浮动。平日里瘫坐着的纷纷起身叫喊着："来看看吧。""我们这里有新货。""老板看看这份料咋样。"拉拢叫卖的声音此起彼伏，一路不绝。

小爷们要么潦草应付，要么嗤之以鼻，要么哥几个自己聊，一开口都是纯正顺滑的京腔，方圆八米，听得清清楚楚，每一个字儿的尾音都可以引起围观者的骚动。他们走得不疾不徐，看得不紧不慢，偶尔看上一件半件，拿到手上也会被其他三位嫌弃一番，没什么入眼的。看来他们并不完全是新手。于是，偌大的天光墟成了小爷们的秀场，从马路边角门进，数不清大大小小多少个老板夹道笑脸相迎，而他们也无比享受这种体面。

我作为旁观者，看着已经被哄抬起来的氛围，潜意识中已经嗅出，这注定是一个有戏的凌晨。

老板们的兴致一直被吊着，但也没有放弃的意思。因为他们看惯了我们这些老人，也清楚我们的偏好和身上油水儿的多少，毕竟资深同行之间给对方留的都是油星子而已。而对于新面孔，一切皆有可能。

从最外侧的角门入场，走过半场，和老板们及围观者期待的一样，小爷们在市场的中心位驻足。这个区域，汇聚着天光墟的精华：高冰种的成品、玻璃种的毛料、满色的蛋面、满绿的挂件、拳头大小的冰黄翡原石、几百块钱的浓彩紫罗兰。在这个区域，只要有耐心，或者勤奋，或者运气，总会遇到好东西。

小爷们开始一个个、一盘盘地抚摸着货品。他们看石头和我们都不同，喜欢的、漂亮的、看起来贵的，才是他们的猎物。至于讨价还价，是周边我们这些围观的市井小商贩的行为。他们这个阶层的人，要是过度在价格上斤斤计较，伤害性不大，侮辱性极强。

很轻松，有几单成交，小爷们打开背包，拿几沓钱付账。看到身边朝夕相伴的同行的货品换成了钱，和自己一起去买的料子，500元的成本，卖了5000元；还有那件摆了很久的“洗澡货”，卖了20000元；还有好些个比老板岁数都大的老古董，也被当作宝贝一样请走了。

金钱奔流的市场，只要给一个撬开角的机会，就能被撕下最肥的一块肉。无疑，天光墟的老板们都是久经沙场的好猎手，他们丝毫不掩饰对金钱的欲望，没人愿意错过这个难得的猎杀机会。不管是观众还是身在其中的演员，在金钱的刺激下，没有人能置身事外。我觉得那个凌晨在很多个瞬间，观众和演员的心跳都达到了同频共振，连噪声都可以瞬间高潮，瞬间静止，像一场超大型的音乐会，最佳指挥是数钱的窸窣声。

然而，音乐会终有曲终人散时，小爷们看起来有些意兴阑珊。不知道他们有没有细腻地体会到周边情绪的膨胀和收缩，或者他们生活中习惯了被瞩目，又或者今天晚上他们也觉得被瞩目够了，是离场的时候了。老板们有些意难平，围观者四下散去。

然而，一波三折是主角们把故事推入高潮的惯用手法。四位小爷走了几步，突然在另一个摊位前停下。这是位没见过面的新摊主，至多不过二十岁的年纪，个子很高，很瘦，头发有点长，蓬蓬地罩着脑袋，带点睡意的大眼睛看起来睁得有点费力，带点迷离。鼻梁很高，唇形纤薄而绯红，轻轻地抿着，可能有点忐忑，会不时咬几下嘴唇。

他面前摆的几个盘子的货品很有看点：几颗已经磨好的蛋面，其中有三粒饱满、肥厚，色泽翠绿混合着阳调，一看便知不是俗物；还有其他几块料子，有切成多边形蛋面的毛坯，有已经画好镯子的满色的片料，翠色欲流，整体就是一汪老坑玻璃种，帝王水准的碧波；还有两个一半冰黄一半浓绿的毛坯镯子，几个全紫色的镯心。色彩搭配上，这盘石头给观众带来了极舒服的视觉享受。

四位小爷和摊主面对面地交谈。年轻摊主纸片一样单薄的身板和对面的小爷比起来，身形只能是他们中某位二分之一的分量，画面明显向小爷们倾斜。

刚散去的围观者又聚拢回来。到了打价格的环节，摊主拿起计算器，我分明看见他停在按键上那纤细修长、骨感十足、竹节一样的手指在抖动。他时而抿着嘴唇，时而咬着下唇，手指一直抖动着，停顿了一下，又像是下定了决心，最终他在计算器上按了两个数字。四位小爷接过计算器，不时窃窃私语，而音量又让身边的人恰好能听到。实力派演技，分寸拿捏得死死的。

计算器来回在买卖双方手里递过来递过去，每一次双方都好像下了最大的决心，按完这个数字就再也不低头，每一次都在成交与放弃的边缘徘徊。这是一场翡翠交易，也是一场心理战的实况现场。摊主连手指抖动的强弱、嘴唇抿咬的力度都在不停地变换。围观者更是目光跟随，比主角们更紧张。

终于，点头了。四位小爷长吁一口气，打开各自的包。1，2，3，4，5…围观者都在默数着，整整40沓簇新的百元大钞。摊主把用塑料袋装好的货品递给最前面的小爷，用恋恋不舍的语气送上温暖的祝福：“你们回去大赚！”货品很少，只是几粒蛋面和那已经画了手镯雏形的老坑满色毛料。小爷们拿着往包里一塞，作为这场谈判中的胜利方，欢声一片，笑语离场。围观者前所未有地沉默，让出道路，侧身目送。

向左走，向右走。几位小爷背着货品离场，年轻老板背着金钱回家。时间，只能差前后一分钟。

反转，总是来得很快，在同样的时间，同样的地点。

次日凌晨刚到天光墟，我从中巴车上下来，就感觉气氛与往常不同。几个摩托车仔们围在一起，有些脸熟的同行也围在那边，好奇心驱使我上前一探究竟，和预想的并不完全一样：昨天四位小爷中的两位，蹲在地上，抱着脑袋。不用打听，昨天晚上40万元钱货两清的货品定是拿去做鉴定了。不出所料，一包蛋面中，最大的那枚鉴定是局部酸洗、注胶的；至于另外一块翠色欲流、画了镯子草图的片料，根本就是块杂石做了酸洗、注胶、注色一条龙，说白了，就是个假的。

我继续去逛天光墟，远远看到另一位，还是昨晚的打扮，瞪着血红的眼睛，狂躁地走着，每一排柜台，每一张面孔，他都瞪大了眼珠子。他走过的身后，一路留下了别人的窃窃私语和指指点点。奔走的人一直在奔走，抱着头蹲在地上的，蹲得像兵马俑一样瓷实，还有消失的第四位，从我到天光墟到离开天光墟也一直没看见。

往后的几天，都是一样的画面。

无论这几位爷来多少次，都无法改变既定的结局。他们永远不会再见到那位年轻的摊主，因为他的家里有无数个没人知道的兄弟姐妹、堂族、表亲，换个人、换个时间、换个地点，继续从事这份工作。天下没有新鲜事，我只是在这个地方待久了，熟悉他们那里人的处事风格，以此类推。

天光墟，是一个充满希望的地方，但有时也是一个叫天天不应、叫地地不灵的地方：十几年前的这里没有摄像头，没有协会，没有大家想象中穿制服的那种工作人员。认知中，有一个词叫“正义”，只是这个词不出现在这里，所以故事没有翻盘，也没有观众期待的结果，什么都没有。

这里好像是一个人性博弈的博彩场所，翡翠是载体，金钱是引爆人性的导火线，置身其中，可以感受每一缕情绪跌宕起伏的变化。

但是永远也不要想着参与。卖方不想外人参与，买方也不想外人参与。双方都会觉得任何一个第三方出现，都是挡了自己的财路。所有人都在众目睽睽之下，做着人性深处最黑暗的交易。价格是一个隐秘的话题。

很多时候我都在想，珠宝市场原本没这么贪婪，被刺激得多了，也就越来越膨胀了。与其说这是玉石的魅力，也可以说，这里面掺和了很多人性的暗区。

完美的漏洞

灵儿人如其名，一副鬼马精灵的俏皮囊。

在天光墟这个嘈杂污浊的环境里，她是一汪清泉。每次路过她的摊位，我都忍不住看她几眼。她趴在柜台前，一双大眼睛忽闪忽闪的，眼镜垂下来，压在小巧精致的鼻尖上。看我望着她，就抬眼对着我笑，扶好眼镜抬起头。我这才看清楚她的样子：皮肤白白的，小嘴巴红红的。每次我还没开始讲话，她就先笑起来。一来二去，灵儿和我成了无话不谈的好朋友。

灵儿告诉我，大学毕业后觉得打工实在无趣，就跟着家里做玉石生意。她爸爸做了三十多年，现在只负责料子的采购和画图，做工交给儿子，销售交给女儿。她家的货品极有灵性，个个晶莹剔透，工艺也细致传神，所以家里的石头不愁卖，灵儿也总是笑眯眯的。

某天凌晨，我看见她家的盘子里有两个手镯，连带着两个镯心。虽然都还是毛货，但因为种水很老的缘故，看上去没什么颗粒感，细腻起胶，是否抛光看起来差异不大，上面还零零散散飘着细碎的花纹，很有韵味。我拿在手上，转动石头，淡淡的荧光在边缘处溢出。

灵儿抬头，看到是我，笑靥如花。

“我就知道你会看上！”灵儿知道我的眼光。

“果真不错！贵吗？”

她按个数字过来：“连着镯心，四份料子，这个价格对得起你吧！”

我一边笑着，在灵儿面前坐下来，又端详了一阵。镯子、镯心拿在手里反复看，最终下定决心，把心里话直言不讳地讲出来：“追问一句，是A货吗？”

灵儿一愣，认识这么久，她没想到我会这样提问。我俩都知道，此言一出，杀伤力极强，几年来的老脸算是挠破了皮。

她顿了一会儿，说：“这是我爸爸从老缅手里买的料子，哥哥切的石头，家里还有没做完的，怎么可能是假货！”灵儿真真是好脾气，肯大费口舌地解释一番。换我的做派，早不搭理人了。我有些惭愧，不该这样怀疑老友。

沉思片刻，我又端详一会儿。

“我还可以再说一句话吗？是A货吗？”虽然内心已是极为忐忑，且颇为无耻，但我绝不嘴软。

“懒得理你，早上鉴定中心开门，鉴定中心见。”灵儿彻底翻脸了，把货收到包里。

按约定，我们一早就到了，把镯子和镯心都递到鉴定中心的窗口。早上人少，我们是头一份递交的，20分钟左右结果就出来了。

“B货，注胶。”

灵儿一下子蒙了。她的理直气壮像是被戳了洞的气球，瞬间就瘪了。我抱抱她，什么话都讲不出。毕竟如果不是我如此追根究底，灵儿就会底气十足地把货卖给其他人，而别人也多半没我这么执着，这件事或许顺其自然地就翻篇了。

“走，跟我回家，我要去告诉爸爸！”

坐着她的摩托车，约20分钟的路程，我们在一栋民建小楼前停下来。进门，一楼摆着几台机器，几个年轻小伙都忙着手头的活儿。二楼室内四平八稳摆着一套红木家具，一位五十来岁的中年男人正坐着抽烟。男人很瘦，浑身的骨头都好像要倔强地翘出来，脸上的肉更少，五官尤为突出。

“这是我爸。”灵儿说，“爸，镯子这份料是假的，注了胶的，我已经去鉴定过了。”她一看到爸爸就跟竹筒倒豆子似的，吐得一干二净。

“叔叔好。”我连忙打招呼。

“嗯。”他对我点点头，“给我看看。”

灵儿从包里把镯子和镯心掏出来，又朝着楼下喊：“哥哥，把剩下的料子拿上来。”

镯子、镯心、切下来的其他几块片料连带外皮，灵儿爸爸尝试着还原，拼回去一颗约三公斤大小的石头。黑乌沙，大象皮色的蜡壳，外皮粗糙还有点起皱，一侧还明显有处莽花。

楼下做工的几个小伙子也都聚拢过来，盯着这块石头。

“你是怎么发现的？”灵儿爸爸问。

“不是我发现的，是书鹏发现的。”

我移开外皮，拿出其中的一个手镯：“其实我不是很确定，只是总感觉有点不对。”拿张纸巾，我把毛货上涂的油擦掉，托着镯子走到窗边，说，“正常情况下，这种料子的光泽会比较柔和，因为还没有抛光。但是这个料子的光泽感觉有点刺眼，越靠边的地方越有塑料感。其他的我也说不太来，就是感觉不对，和我平时看到的不太一样，尤其是镯子边缘的光泽。”

“这几个老缅骗了我！”灵儿爸爸恨得咬牙切齿。

“我这儿还有一块石头，你看看。”灵儿爸爸再对我说话的时候，情绪缓和了很多。他拿出了另一份料子，来到窗边，摊开手展示。一颗浑圆、正阳绿、整体起荧光的翡翠在我面前突然放光。我一下诧异得说不出话，欣赏着这颗拇指大小的石头。这是在市场上万里挑一都见不到的“尖儿货”！

“你看值多少钱？”灵儿爸爸问。

“我看不懂，这种高品质的小料，我看不准。”我老老实实回答。能遇到这样毫无争议的阳绿帝王，是我职业生涯中一次大开眼界的经历。

“没事，随便说。”

“20万块？”我说得不是很自信，这颗石头明显超过了我的认知范畴。

“3万块钱，你拿走！”她爸爸大手一挥。我难以置信地望着他。

“假的！缅甸买的！”他无可奈何地揭晓谜底。

闻听此言，我也是难以置信，不由得再瞪大眼仔细端详这个蛋面：料子是老坑，厚度超十毫米，还能整体起荧光，实为罕见。在满色翡翠里面应该算是玻璃种，因为颜色会影响透明度。色调就是分毫不差的“阳春三月”。这分明是颗美得如梦似幻的帝王翡翠啊！我从口袋里摸出手电筒和放大镜，仔细检查，愣是没有抓到一点点作假的证据，既找不到所谓的酸蚀网纹蜘蛛网，也找不到注胶蓝色闪光、颜色过渡、分布不自然的特征。整颗石头，就这么完美无瑕地呈现在我面前。我忽然顿悟，完美就是最大的漏洞！以往的阅历告诉我，纵然是千万元级的翡翠，也从没有所谓的完美。

连连感叹，就算是老马也难免失蹄啊。

心与眼的探险

翡翠界，乃至整个珠宝界中的讨价还价，都有值得玩味的地方。“漫天要价”是珠宝行业的通例，“就地还钱”是买家的能力。叫一百万还价五千，怎么不伤和气地把天张弛有度地聊下去，也是一种自信和实力。

这个行业链的上游（原石交易市场），货品是不会贴标签写价格的，无论是国内还是国外的从业者，也从不张嘴把价格说出来，都是“看情况”通过计算器按键表示，毕竟开价和成交价不是一回事，毕竟旁边或明或暗总有人在，隔墙有耳。这个“看情况”的“看”，就有着很深的门道。

第一个“看”，就是“看价”。十个人问

价，很可能会报出来两三个天悬地隔的价格。行外人没这种意识，一方面不知道这个潜规则，另一方面对珠宝玉石的价格不敏感，也没什么概念。行内人则不介意，因为不管老板开价多少，对买家来说都还不到最后一步。最终的成交看的是各自的眼力儿和本事，故而买家也不会把卖家的开价当回事儿。

第二个“看”，就是“看脸”，看脸熟、看神情。猛兽尚且挑选羸弱的猎物，生意人亦是如此。卖家会第一眼判断买家是行内人还是行外人，新手还是老手。看脸熟是最基本的，如果经常在一个场子混，基本上都打过三五次照面，卖家或多或少都有点印象。相对于老手们朴素的打扮，悄无声息的举止，淡然、不动声色的情绪，新手满眼藏不住的兴奋、好奇，目不暇接地东张西望，不管什么东西拿在手上都一副爱不释手的样子，脑门上无疑就像贴上了车尾的“实习”标志。每一丝神情波动，都被卖家尽收眼底，成为价格谈判的筹码。

第三个“看”，就是“看技巧”。把货品拿在手里的每一个动作，都是向卖家明示自己专业水准的机会。看珠宝的手电筒大有讲究，而手电筒对珠宝人而言，就像是剑客的剑，亮剑之后的一招一式都极为讲究。

行内人看色料定是要拿到自然光下细细观察，而新手往往拿着黄光的手电筒，越看越绿，越看越漂亮，非买不可，内心满是不能抑制的狂欢！就算拿对了手电筒，拿的姿势也会成为下一个被品评的靶子。我看过太多人拿着手电筒，对着石头表面晃来晃去，只看得见石头的外皮，却看不清内部的结构。就算是在看结构，打光在石头另一侧，眼睛则紧紧地贴上去。这样的操作手法，看没看清楚玉石的内部结构姑且不论，但能让自己眼冒金星，关了手电筒，眼前一片漆黑，好一阵儿才能恢复正常视力。

反观经常在市场上混的老手，除了一个二色手电筒，没有光鲜的打扮，对人总是一副爱搭不理的样子，眼睛却没闲着，一眼扫过去就已经做了一轮浪里淘沙的筛选，毕竟好的珠宝玉石总是凤毛麟角，普通的货品则是恒河沙数。

天光墟的翡翠交易，还有着业内大多数人都默默遵守的潜规则。比如说卖方开了价，如果买方还了价，且卖方同意卖，则必须成交，只要不是假货，什么借口都不能成为借口。十几年前由这种潜规则引起的纠纷，各种争吵、打架、斗殴、砸摊子的事儿时有发生。后来，越来越多的外行人进入到这个行业，慢慢地，潜规则演变成如果不成交，赔开价的10%了事。到现在更宽松了，如果不成交，10%也不用赔，最多卖方发几句牢骚而已。

比起国内的“看情况”，国外珠宝玉石市场的发展已稳定和臻于成熟，买卖交易已经有固定的套路模式，明明白白就摆在那里，能不能破局，就看来者的水平。国外的散客市场和国内差不多，货品半真半假，良莠不齐。走几圈儿下来，腿快断了，收获也微乎其微。因为高品质贵重珠宝的获得，存在偶然和运气的成分。在散货市场上谈价和在公司谈价是两回事，既有决然的不同，又有千丝万缕的相似。珠宝公司拟定好的套路，就像是一套完整的测试题，陷阱一个个排好，就看客人在第几个坑里掉进去。

分享一些我在国外珠宝公司的经历吧。

一家专业的珠宝公司，装修不一定漂亮，硬性标准则是必不可少的。从入门开始，各种摄像头从外到内，每一个角落都被忠实地记录下来。厚厚的地毯，踩上去像站在云端。

老板是见不着的，俊男美女是必不可少的，高鼻深目、唇红齿白、身形高挑，在名贵西装和精美礼服的加持下，这些精致的尤物像会移动的雕塑，对着来访者温柔一笑，让人猝不及防地眩晕。

不一会儿，各种大颗粒的、色彩丰富的、切割酷炫的、净度无瑕的、价格听起来不至于太离谱的珠宝被一盘盘地端上来，这无疑就是第一道考题。这些水晶、托帕石、海蓝宝被环境一衬托，身价都显得不俗，然而开价听起来又不算很贵，几十块钱、几百块钱一克拉。

定力不好的，第一个坑就进去了。凡是又大又干净又漂亮的，要么很贵，要么是假货，要么就只能是中低档的半宝石。看似单价都不太贵，但动辄都是二十克拉起步，而且以整盘出售，总价算下来都不低。这一坑踩下去可谓是“创业未半而中途花光预算”。

如果换一批，会好一点吗？

换一批有可能是处理过的，甚至是某些专业实验室都检测不出来的，比如“铍扩散”的蓝宝石、优化的二代蜜蜡等。面对这种情况，有时候经验比仪器还更靠谱点。若第二批不满意，还会有各种切得不太规则的石头，形状各异，色调千差万别。这些其貌不扬的石头，反而比较接近贵价宝石，但是样子看着又着实没有让人购买的欲望。

按照国内人的理解，如果作弊当面被拆穿，肯定尴尬死吧。而国外这些帅气小哥哥们的表现则完全不是那回事儿。如果没被发现，那就一直骗下去，如果被发现了，他们还是笑眯眯的，换一盘子，继续边喝咖啡边聊天，就像刚才的骗局没发生过。

挑挑拣拣，每次排除，都要讲出让对方心悦诚服的理由。要不然，服务的小哥哥觉得来者的专业度只能止步于此，也就不屑于再往下推进。好不容易一路过关斩将，终于和钻石、红宝石、蓝宝石、祖母绿、猫眼等名贵宝石见面了。这时候对买家而言，就真的既考验眼力，又考验财力；既考验魄力，又考验脑力。

一批货，卖家开价虽不像国内玉石市场那般高高在上，但也没人打底牌出来，回价随买方凭经验出价。眼力和经验差一成，价格便差一截。而上游珠宝市场，很少零零散散地卖石头，要求统货走，少则几十万元，多则几百万元，要求当场现金结清且不退不换。

于老手而言，一场专业的珠宝谈判就是综合素养的比拼了。每个卖家的眼角眉梢，都可能藏着深不可测的陷阱，不管笑容看起来多么真诚。如何一眼评估出宝石的价格，继而给一个不上不下、七八成的价格，既可以吊着卖家的兴致，又不至于自掘坟墓，再张弛有度地讨价还价，游刃有余地掌握谈判的主动权，并非易事。整个交易过程中，言而无信，或者打退堂鼓，都只会让自己的职业道路越走越窄。因为珠宝最上游的资源，仅被极少数的矿主老板们垄断着，每个矿区不过三五位。

对于卖家来说，优质稳定的合作伙伴，是商业长足发展的原动力。既要让利给对方，实现长期的合作共赢，也要把手头优质资源的价值全部挖掘出来。尤其是遇到顶级珠宝，务必把每一颗石头的边际价值一网打尽，因为越顶级的资源，出现的概率越低，都是可遇不可求的存在。

尽管我已有二十余年的从业经验，历经过很多矿区，接触的矿主数不胜数，有些更是多次合作，但直到现在，每一次生意往来我还是会小心谨慎。珠宝玉石行业的“水”深不可测，小小一颗石头上浓缩了极高的商业价值，不管是买方还是卖方，我想，都很难禁得住人性的考验。

所见之虚

关于珠宝真假的案例，数不胜数。在行业里积累的小智慧，很多时候也是自己吃亏吃多了，学了点乖，因为真相总是不留余地地让人感到绝望。

工作室来过一位年纪四十出头的女士，气质优雅，谈吐不俗。她带来一颗蓝宝石，想让我们做镶嵌。优雅的皇家蓝色调，五克拉的台面，标准的枕形切割，从盒子里俯瞰台面，几乎接近玻璃体。这是一颗不可多得的蓝宝石，连我也赞不绝口，准备把石头交给工作人员设计。

把石头拆出来的瞬间，我又拿了回来。从侧面看，这颗石头居然没颜色！再把石头拿在手里用放大镜推敲，发现颜色集中在腰部和底尖，厚厚的腰棱，明显分三层，中间有一团色区。正对着腰棱看，上台面完全没有颜色，亭部也没有颜色，在接近底尖的地方，又是一团浓烈的色区。

看着这位优雅的女士，我颇有些于心不忍，随口问一句："买的时候有证书吗？"

"这个不需要证书吧？这是去斯里兰卡旅行时，在当地买的原石，我看着磨好的。买了好几年了，没找到合适的镶嵌设计师，才没做。"她的回答合情合理。

我把蓝宝石还给女士，交代助理和她一起去鉴定中心："要不你们一起去工厂，那边现成的款式更多，而且附近有鉴定中心，顺道做个检测，也好安心。"

三十分钟后电话打回来，鉴定结果是拼合玻璃。女士不死心，又换一家，还是这个结果。她无法相信，在她亲眼所见之下，怎么就买了一颗拼合玻璃呢，而且伪造的还是原矿石。我好好地安慰了她，因为这些案例在国外屡见不鲜。

有一次，我在斯里兰卡市场上收石头，工作接近收尾时，一个小伙子过来拿出一颗鸽血红红宝石。切割标准，全亮全返；净度高，熠熠生辉；色调纯正明艳，糅合了一点玫调，显得既甜又嗲，甚合我意，且证书齐备。关键是，要价比市场行情还低15%左右。这种货赚钱的速度，就像左手倒右手，分分钟可以成交。一切都恰到好处，就等钱货两清，收工各回各家。

我和助理身边围了一圈老外，他们也很想知道我会怎么结束这天的最后一单。我把石头的品质吹毛求疵地挑剔一遍，然后又把宝石和证书严丝合缝地核对一番。所做的工作都有条不紊地指向成交，大家都充满了期待。虽然这期间还被小哥哥水汪汪的大眼睛忽闪忽闪地抛了无数个媚眼，我还是不为所动，提出最后一个附加条件："付款前，换一家实验室做复检。"

聊天的氛围发生了微妙变化，若干围观者心照不宣地交换了一下眼神，或者轻笑着嘟囔几句。小伙子又陪我闲扯几句，紧张、热烈的气氛逐渐趋于缓和，他也借机拿起证书和石头走人。

上面这个例子就是套证的做法。首先，证书肯定是真的。可能也会存在一颗非常漂亮的天然的石头，这颗石头会不停地被送去做证书，获得N张证书。因为宝石的鉴定，要核对包括重量、尺寸、颜色、切割等细节，和钻石打腰码的操作不同。然后造假的人就按照证书上的参数复制宝石。当他们拿着真的证书及看上去分毫不差的石头去报一个很有吸引力的价格时，很容易麻痹购买者的警惕性。就算是行内买手也要很有经验、很警觉才会发现。

面对帅气的小伙子，我用了最婉转的拆穿方式。可下次换个人，他还是会把这个戏码再演一遍，可能他和他的小伙伴们的人生也会在这种游戏中一直重复下去。

这种玩法，不管是在国内还是国外，不管是以前还是眼下，在珠宝行业都屡见不鲜，尤其是对个性不鲜明的珠宝而言，更是高频率的存在。

还有一个案例就更经典了，在行业内引起了不小的波动。几个外国人找到我的一个朋友，说他们手上有一批钻石毛坯，还没有切割。第一天验货，所有天然钻石的特性都具备，包括抽检都没问题。第二天再验货，顺带谈价格，本来希望成交的生意，由于卖方把价格定得很死，并没有太多议价的空间。第二次谈判宣告中断。

再过两天，还是同一批货品，买卖双方约定的见面时间就定在飞机起飞前的几个小时。成与不成，都是最后一次约谈，因为再过几个小时，卖家就带着石头离境了。这次见面，双方都异常珍惜这最后的几个小时，僵持一会儿后，卖家猝不及防地把价格降到了买方的心理预期价位之内。幸福来得太突然，买家立刻把准备好的现金放到台面，当场钱货两清，诚意满满。

货是前两次都检验过的，出成率也都精准地评估过，怎么看这都是一场完美的交易。但是当买方把货品拿回来看时，毛坯还是毛坯，但是此毛坯已经不是彼毛坯，拿去实验室做检测，至少一大半都是换过的，是其他矿石。

这场交易本质上就是一个设置好的骗局。这种生意，时间点永远是赶得那么巧，节奏点拿捏得就是那么准。卖家已经远走高飞，想抓人，这辈子都没指望了。

这是发生在不同国家、不同时间段的真实案例。这里面，一大半是别具用心之人提前设置的商业陷阱，一小半是源于买家自身人性贪婪的弱点。买方总是觉得这是个千载难逢捡漏的机会，殊不知这都是骗子们设置好的各种陷阱。所谓的行家尚且需要打起十二分精神，一不小心还会着了别人的道，外行人的机会，又真的能有多少呢？

根据自己浅薄的经验，我从来不觉得交易中会有什么恰巧的好机会。所谓的机会，只不过是被别人拿来练手的演习而已。

“书鹏谈珠宝”

珠宝的光泽

在珠宝鉴定中，光泽是一个说不清、道不明的微妙词语。因为每个人对光泽的理解和感受都不同，很多时候也不能作为一项量化标准。但对于有经验的珠宝从业者来说，光泽则是很有用的经验值。尤其在野外，或者是在珠宝鉴定受条件限制的情况下，光泽的判断虽然不见得能定性，却可以排除掉很多干扰因素。

我们经常听到一个词——珠光宝气，但是这个词具体指代的内容又让人难以捉摸。其实这个词的具体含义就是珠宝的光泽。不同类型的珠宝会有不同的光泽，这种光泽的强弱是珠宝气场强弱的一种表现形式，甚至可以说，光泽在某种程度上直接决定了珠宝的美感。比如我们看到钻石明亮的光彩就是典型的金刚光泽，太阳光直射在钻石上，当光线反射进入观察者的眼睛时，人会有刺眼的痛感；红蓝宝石的光泽是比钻石相对弱一些的亚金刚光泽；带荧光的翡翠是玻璃光泽；看起来柔柔的、油腻腻的和田玉是蜡质光泽；贝母的晕彩是典型的珍珠光泽……

光泽对我们鉴别和欣赏珠宝有重大意义。

举个例子，在野外勘探时，专业的珠宝学家接触到的都是原始矿石，要进行初步的筛选和排查，需要借助很多因素，比如矿石的形状、矿石上面的纹路、矿石的硬度，还有矿石的光泽等。这些因素不见得同时具备，但是能确定其中的1~2个对筛选和排查工作会有很大的帮助。这是珠宝学家在野外探索宝石矿产时必须具备的一项重要技能。

再举个祖母绿的例子，同样的宝石，有的看起来特别明亮，有的则黯然无光，产生这种现象的根源就是受到了内含物的影响。内含物太多，势必影响祖母绿的光泽，而且会对价格造成重大影响。

当然，有的内含物也会起到积极的作用。比如克什米尔蓝宝石当中细碎的金红石针产生的漫反射光学现象，虽然削弱了蓝宝石的亚金刚光泽，但是它让石头具备了另外一种更难得的天鹅绒质感。无独有偶，祖母绿中如果出现大量的、密集的、平滑的、丝状的包裹体，也会让祖母绿产生难得的猫眼效应，它的价值也会因此得到大幅提升。

至于说珠宝爱好者怎么提升对光泽的敏感度，建议各位多看、多比较、多磨炼眼力。

珠宝交易中的有条件购买

在珠宝市场采购珠宝，有一种购买形式叫Condition，即有条件购买。

举个例子，一颗售价1万美元的蓝宝石，买方要求货主承诺只有鉴定结果为皇家蓝蓝宝石或者“矢车菊”蓝宝石才购买，如果不达标可以退货；如果达到预期标准，则需要溢价10%付款，即需支付1.1万美元。这种购买方式，除了用在颜色评估方面外，还可以用在其他处理手法上，比如热处理、拼合、镀膜、辐照、充填、泡油、合成等。

以祖母绿的购买为例，在购买之前应谈清楚条件，即选购的祖母绿的含油量要控制在什么程度、色级达到什么标准、产地条件等，如果不达标可以退货，如果达标则在适当范围内溢价。

这种购买形式被运用在很多名贵宝石的交易中，在上游珠宝市场被普遍使用。虽然这样的购买条件有利于保证买方的权益，但是买方需要支付额外的费用，利润空间大幅压缩，销售难度也随之剧增。

这种看似稳妥的商业模式，其实主要还是存在于稳定的客户关系中。因为在新的客户关系中，就算开出了限定条件，很多时候在最后关头也并不会履行承诺。只能说，买卖双方在条件有利的情况下，都争着追逐最后一丝利润空间。

·第四章·

翡凡人生

每件翡翠　都承载着一段不可复制的回忆

经手过无数的玉石　也看过万千姿态的人生

对待仅有一次的生命　要有朝圣般的勇气和决绝

至诚以待　全力以赴

差得还远

对平洲的熟悉，就像是看惯了的手足，眼见着它从一条小巷子发展成了鳞次栉比、商贾往来、大师云集的玉都。而揭阳和平洲相比，则大不同。比如货品类型，平洲以手镯为主，揭阳以花件、裸石、蛋面为主；生意买卖的方式，平洲大多是外来人口，主张货品快速流通，揭阳以当地人为主，卖不到心理价位绝不松口。

揭阳阳美玉都，对翡翠从业者来说，是必来之地。好货自不消说，揭阳翡翠业界知名，说是高货最集中的地方，也不会有异议。

十几年前的揭阳，玉石商业区大多都集中在阳美村牌坊旁几排居民楼里。村民住在楼上，一楼就成了门面。几台机器，要么放在楼上，或者干脆就摆在店面里，匠人在机器上加工、打磨着。最火爆时，匠人、机器、小柜台，都挤在十来平方米的一块地方，买与卖不过是三五分钟的事儿。有时买家看了片料就能直接下定，坐在旁边等起货，几个小时下来，眼看着工匠画图、打磨，有时候等不到做完抛光，就可以钱货两清。做好没有卖掉的，就随手放在门口的小柜台里。柜台不大，宽不过六十厘米，一米来长，里面放着零散几件，有些是抛光好的，有些是毛货，有些是碎料。

翡翠行业，应该是最没有定价标准的。按行话说，只要“对庄”（看得顺眼），就可以买卖。这时体现的就是买卖双方的审美差异和不同市场的需求差异，尤其是当时的市场是被消费者牵着走的，整体上是供不应求的局面。

这里每天摩肩接踵，往来如织。来阳美村淘宝贝的商家，大多是外地来炒货的商贩，当然也不乏本地的。所谓眼界有高低，渠道各不同，不同的眼界和渠道，对待同一颗石头的差异就大了去了。曾经有一颗被嫌弃的老乌沙，被雕刻名家800元捡去，雕琢几个月之后，收入私人博物馆，立马被估出了30万元的价码。这还是十几年前的案例，当然也仅仅是个案。

有次，有当地朋友作陪，我们在阳美村里随便走走逛逛。一路走一路逛，欲望被刺激得不能抑制。偶尔问个价，按彼时我的眼界来说，都是天价，所以一般问问就没下文了。然而最终还是在一家档口前耐不住性子了：老坑、阳绿，起胶的料子，细腻得看不到结构，厚度超过一厘米。询价，老板在计算器上摁了一个“20”。

像被猛地兜头泼盆凉水，从脑袋到心脏，“唰”的就降温了。这个价对当时的我来说，是大数啊。朋友仗义，把我拉到一边，直言：“你看不看得上？如果很喜欢，我去砍价，6000元行不行？”刚被兜头泼了凉水，内心又被朋友燃起了烈焰，任谁也想不到原来价格还可以这样砍。一冷一热烹煮的内心冲击让我一时无所适从，我是第一次深深领教了一个行业在不同地区的特色。

一方水土养一方人，不同的地域文化，滋养出不同的人文差异。细思想来，揭阳的街头巷尾里，发生过太多可圈可点的事儿。我想说的是阳美村后面的一片村子，我也是偶尔落足于这片桃花源。

背对阳美村牌坊，往右转一直往前走是一条小河沟，河上一座小桥。桥头和桥边的两岸，村民及商贩们络绎不绝。这片弹丸之地居然形成了一个极小巧的农贸集市，水果、蔬菜和当地小吃应有尽有，终日熙熙攘攘。偶尔饿了，我会在旁边站着吃水果，或者找个小摊儿坐下，一边吃当地的小吃，一边看路边走来走去的人。可能是在农村长大的缘故，对乡土和村落，我一直有难以割舍的情怀。

眼前的这片村落和我在其他地方见到的又不一样，我见过的大多数村落都是房舍院落独门独户，而这里放眼看过去是密密麻麻连成一片的宅子，外围是若干连绵成荫的榕树。整个村子散发着与众不同的迷人气质。

走过小桥，我想去看看这个村子。一条条小巷子里，邻里之间不见栅栏和围墙，门户和门户之间相对，邻居与邻居之间相接，完全融为一体。每户人家上到耄耋之年，下到孩提稚子，以及若干加冠、及笄之青年男女，人丁兴旺，家风祥和。再细看诸人面相及身段，身材高大，五官轮廓分明，皮肤白皙，不是典型的广东人样貌。各家门前都有一个卖货的玻璃柜子，旁边摆着几台机器。小伙子伏案做工，女人在柜台后面坐着卖货，老年人逗着孩子，每家每户都呈现出一幅天伦之乐的画卷。

这些柜子里的货品就多了，品质上乘的、普通的、陈年老货的，各式各样。价格不像在前面阳美村那儿那么离谱，让人觉得老虎吃天，无从下口，反倒是客气了许多，不再是漫天要价。然而真正和这个村里的人交谈才发现，他们要价虽然不高，但也绝对有自己的底气。这一点上，揭阳人的表现则和四会、平洲、瑞丽、广州等从业者都不一样。这几个地方的从业者，大多数来自福建、河南、四川、湖南等。人离乡贱，外地人出来讨生活，首先考虑的是衣食问题。有衣食之虞，难免会底气不足，偶尔会流露出成交的渴望，甚至会低三下四，而这都被买家尽收眼底。因此，在开价和讨价还价上，他们叫价没那么高，谈价没那么硬，杀客也没那么狠。

阳美村的每件货品，不管卖家开价多少，买家还什么样的价格，这些售货的老板娘们就像是经过统一培训的一样，或和颜悦色或爱搭不理，都是轻描淡写地吐几个字："差得还远。"柜台就摆在自家门口，门前每一位过客注定都不会空手而返，他们看透了也吃准了。带着高高在上的优越感，他们要挖尽每一颗被看中的玉石的价值。换句话说，他们不想给同行留活路。

既然喜欢，那就加钱。毕竟谈价是个漫长的过程，双方的出价都含有试探的成分，很多时候需要从对方言语的细节处窥探成交的距离。然而不管怎么加，回过来的都是那几个字——"差得还远"。

"差得还远。"这四个字如魔咒一般，不绝于耳。谈价的过程，就像掉进了一个深不可测、找不到着力点的陷阱，不知道什么时候才是尽头。而这个村里的女人，不管是年方二八，还是年逾花甲，眉间眼梢的轻描淡写，像是已经吃准了外地商客。若是话不投机，她们还会跑去一边逗小孩子玩。

抓狂、浮躁、懊恼、气馁、恭维……当所有这些情绪的套路用完，就算每次都加上“这是我最后一次出价了”的话，都试探不出成交的底线在哪里。只有买家万般无奈又咬牙切齿迈步想要离开时，她们才会出其不意地改一下口风“我给你打电话问一下吧”，然后作势掏出手机，摆出一副忍痛割爱、玉成其事的姿态。此时的临门一脚，就算是看见了成交的喜悦，买家的心智也已经被折磨得不成样子。

我曾无数次到揭阳，但可惜都找不到一丝一毫的归属感。一来二去，虽然也和揭阳人做点生意，但我认为都是金钱和精神的双输。这块极熟悉又极陌生的土地，让人无从发力。

胡氏夫妇

和胡氏夫妇的相识，识于偶然。

胡太太四十来岁的年纪，中等身量，纤眉细目，体态丰腴。一头秀发乌黑油亮，梳得纹丝不乱，在后面挽起饱满浑圆的发髻，发髻上再插上一根新芽般青翠的阳绿簪子，举手投足之间，顾盼生姿，风情款款。她喜欢穿香云纱，一年四季不换身，这通身的气韵，宛若盛唐画卷里走出的仕女。

第一次见胡太太，我就觉着她的一双眼睛在“垂钓”，门口走过的每一个人，都被她仔细地掂量过。我就是在眼神交错的瞬间，被她喊进来喝茶，从此以一壶茶烹煮了十几年的交情。

起初店里并不见胡先生，都是胡太太一人前

后端茶递水，拿出干果零食招待，嘴皮子也紧跟着聊天进度一字不落。她端上的茶盘小巧别致，茶香四溢，回甘清甜。

由于常年看石头积累了一点眼力，我很少盯着石头看，基本上眼睛扫一遍，心里大致就七七八八有数：胡太太这里的货品多而杂。数十年黯淡无光的陈货占据了大半个柜台，偶尔几件雕刻精巧的，大抵也是取料平庸，看不出什么新意。然而低头端茶杯，就在茶盘下的这一弹丸之地，我发现了整间店铺的灵气所在。茶盘下随意摆放的，不过是几个白色纸包，包着的料子以成品和半成品为主，干干净净的，没有多余的雕刻。奇就奇在，每一份料子看上去都是恰到好处的舒服。浓艳的辣椒绿不觉得太深，金丝种一水带过不觉得太浅，晴水料子自顾自散发着幽幽的光，玻璃种中的木那种天然就是一幅踏雪寻梅图……

寥寥几秒钟的凝视，我对这些小石头怦然心动。最终我把目光锁定在一份木那种色料上。料子被简单地切成了几何多边形，上面潦草地画着几根弧线，看样子是要打磨成三颗蛋面的雏形。像颜色达到这么浓饱和度的木那种，实不多见！而且和寻常木那种相比，这份料子明显胶质底更细，完全看不到结构，荧光也更强，达到了隐晶质的水准。

我尽量抑制住激动的情绪，敲两下柜台，示意胡太太把这份料子拿出来看看。三颗形状还不太规则的糖果一样的石头放手里一掂量，我就知道有戏。我试着询个价，胡太太在计算器上按出来的数值，按2010年的标准看，至少是广州市老城区的一套三居室。拿着三颗石头在胡太太店门口的阶梯上，我一屁股坐下来，开始认真地端详。这时候再看，已经是用衡量一套房子的眼光。然而房子的价值地球人都知道，这三个小玩意儿算什么呢？我心里打了数不清的问号和感叹号！

按照毛坯上画的草图，三块石头切割打磨完毕，呈大、中、小之

木那种小玉石

态，并不成套。我仔细查看，发现大的两颗都是常规打磨，没明显问题。在最小的蛋面上，找到端倪所在：原来是边缘处有一条黑色暗绺，留着势必影响整粒蛋面的品相，所以草图上简单粗暴地采取了一刀切的做法：料子底部直接磨掉两毫米。这样的成品不但厚度少了两毫米，尺寸也小了一圈儿。原本可以“一统天下”的完美三件套，被拆成了“魏蜀吴三足鼎立”。

对着这个暗绺沉思良久，我动了心思。对高货来说，不要说两毫米，有时候一毫米就可以让价格差一成。用卡尺确定尺寸，如果不磨掉两毫米，这组蛋面的厚度可以达到十二毫米以上，简直让人咋舌！我心里有了点底。

在门口呆坐了约二十分钟，虽然不回头，我也知道胡太太一直在背后斜眼查看着我情绪的变化。我不置可否，进屋，把三颗石头还给胡太太。我的面无表情果真让胡太太有点按不住性子。她主动试探：“看多少？给个价呗。”

“不成套，纹也太深。”开始谈价格，七寸拿得准，就很容易掌握聊天的主动权。

“是有一点。”胡太太也不回避。旗鼓相当的同行之间交流，都是直奔主题。

假装犹豫了片刻，我还是接过计算器，又摆出一副沉思很久，最终横下心的样子，还了个保守的价。

胡太太略一停顿，看了两三秒，回给我一个意味深长的微笑，摇着头说："不行啊，有距离。"

"好的，我也是刚到，再逛两天。"话不多说，我也摆出毫不留恋的样子，借着天色渐晚的由头，回酒店休息。

对于刚才的给价，我大概只给了心理价位的七成左右。可能就有人问，为什么只给七成的价呢？这不是一件普通的翡翠，戴在身上，就是一套房的估值。对这种价位的操盘，一个不留神，三居室就少了一间。很显然，谨小慎微的态度才符合现阶段我的财务状况。另外，对一件高货的判断，需要在不同时间段、不同光照条件、不同精神状态等条件下做反复的揣摩，就算我对自己的眼力颇为自信，也不敢托大。再说了，开弓没有回头箭，说话总要给自己留着余地。但如果我开价太低，很显然又不合胡太太的胃口，让别人失去兴趣，也等于断了自己的后路。看准了货，价格一下给到七八成，至少说明双方是实力相当的。不卖吧，有可能过了这个村没这个店；卖吧，人性本贪婪，或许几个回合讨价还价，会有更大的收获。

眼下，无论我怎么一见钟情，价格只能点到为止。既让卖家心动，又让卖家纠结。毕竟刚开始，这个吊着的过程需要煎熬几天。

珠宝行业的人都起得晚。第二天早上起床之后，我就只做了一件事——吃饱喝足。再路过胡太太店门口时，已经将近中午。当我踢着拖鞋"一不小心"从她家门口路过时，那种身体的疲惫和精神的满足怎么看都像是已经逛足了一个上午，现在正收获满满地踏上归途。而我的打扮，看起来永远都像个似是而非的局外人：看不出什么目的，也看不出什么爱憎，漫无目的地瞎晃悠。

我刚探出半个身子，在她家门框边上晃出个影子，胡太太热烈而温暖地召唤，就把我邀进门来。这个聊天的热度，让我分毫不差地剖析出来：她从昨天晚上就在等我。

很显然，胡太太也感受到了自己的急躁。换个话题，她试着和我聊其他的。

“早上收获大吗？”

“还行，”我作势想掏出点什么，反而又把空空如也的袋子压紧了点，“都是小东西，比不上您这里，都是大货。”

“那就收点大货呗。”胡太太顺势把思路往昨天的话题上带。

“我不是给价了嘛，您不肯呀。”轻巧地把“球”踢回去。

一番闲聊下来，看太阳光还没有完全出来，我借故把石头再拿到门口看。这次的欣赏就是一扫而过，片刻之间，我重复敲定了昨天的想法：价格我是不会再加了。因为任何态度上的松动，都只会把我往被动的角度推，毕竟现在的主动权貌似在我这边。

求胜心切的胡太太开始顾左右而言他，和我闲聊。我开始挑毛病，毕竟这是一份半成品的毛料，存在切割、打磨、抛光、起货等过程中的各种风险。我的理由越来越充分，胡太太的气势越来越弱，她的口风有些松动，话里话外都是让我再加点钱。我则抓着石头的毛病不松口。

中午临别，半只脚踏在门外，侧着身子，我一口加价直追20万元。这20万元是我“钓鱼”的新一轮鱼饵。出完价，我走得更干脆、更决然。我不仅不能让胡太太看到我的任何留恋和不舍，还要让她感受到希望的可触碰与极易逝。

在酒店睡了两天，再次见到胡太太已经是第三天的下午四点钟左右。像给老朋友打招呼一样，我准备几句寒暄过后就乘坐五点钟的大巴离开揭阳。还有半个小时可以坐在胡太太店里喝茶。不管还剩下什么套路，都要在这半个小时内演完，这注定是一段逾期不候的戏码。

聊了一会儿，胡太太忽然往背后墙壁上“咚咚”敲了两下，墙上就开了一个洞，原来墙壁上居然天衣无缝藏着一个暗门。她喊我进里间喝茶，顺手把三颗糖果一样的木那种小石头也拿了进来。

一扇小小的门后，居然别有洞天。迎面是一扇大窗，光线隔着窗帘温柔地散射进来，整个房间笼罩在柔和的日光里。窗下一排郁郁葱葱的落地绿植，让房间生机勃勃。左手边靠墙壁是主人位，一套宋式红木家私，背后是一个巨大的落地博古架，上面满满地陈列着各种摆件。

胡太太进门时随手开了灯，博古架“唰”的一下被点亮。细看，上面满满地陈列着翡红翠绿，各色、各态的翡翠摆件琳琅满目，让人目不暇接。博古架一侧，垂直站立着一个巨大的保险柜和一台打磨机器。胡太太指着办公桌后面的中年男人介绍：“我老公。”

几天下来，这是我第一次看见胡先生。一个戴副眼镜的中年男人靠着官帽椅后背抽烟。看我们进来，他把没抽完的烟蒂熄灭在烟灰缸里。顺着胡先生的手看眼前的烟灰缸，是一整块翡翠雕刻而成的，出乎意料的惊

玉石烟灰缸（手绘）

喜！方方正正，年岁已久，整体淡绿色，表面起了黄斑。里层活灵活现飘着两片荷叶，荷叶上趴着两只青蛙，只要一倒上清水，水波随着烟蒂轻轻晕开，青蛙好像在水塘里游动起来；外表面，依照石头的天然纹理，是几根脉络清晰的荷叶茎，其中有两根荷叶茎特意做了延长兼镂空，弯弯曲曲地延伸到烟灰缸里面，和荷叶天衣无缝地融为一体……一枚小小的烟灰缸，居然是案头的一处景观，男主人的细腻与风雅，可见一斑。

和胡太太相反，胡先生不怎么讲话，打了招呼，示意我坐下，开始有条不紊地冲茶。胡太太拿起桌子上的计算器，按给胡先生看。胡先生继续冲茶，一言不发。我则断断续续地又把石头的毛病挑剔了几句。老实讲，换个环境，我忽然有点不太自信。一个烟灰缸已经考究到了如此地步，我估不出接下来聊天的深浅。

胡先生示意我喝茶，依旧没说话。胡太太又在计算器上摁个数字，胡先生用眼角扫一下，眼神模棱两可。

终于，胡太太横下了心，在计算器上按下一个数字，递给我看，比我的出价高出10万元："再加10万吧，第一次生意，我们做个朋友。"

这次换我沉默不语了。因为我知道，口风到了这个环节，这个交易已经到了八九成，至少他们卖的欲望很强烈，只是想顺势再拉高一下价格。最终，两方调停，我追加5万元，拿下了可以换套房的三颗不规则翡翠。

买下这三颗石头，我便请胡先生帮忙做蛋面的加工。拿过他桌子上的油笔，把原本平平的底部边缘线往上收了大约零点六毫米，底部厚度原封不动，交代胡先生不用打薄石头，只把边缘收上去就好，把石头磨成三件套。

胡先生神情凝重地端详着这三颗石头，审视着之前自己画上去的草图，沉思片刻仍略带着迟疑："没这么做过啊，我们这边底都是磨平的。”

“您在这行做了多少年？”

“打小开始，少说三十年咯！”胡先生语气里透着满满的骄傲。

“没事，按我画的线磨吧，做好做坏，我兜着。”虽然说得斩钉截铁，其实我心里也没有十足的把握，不过这已经是我能想出来的最好方案。

机器嗡鸣，磨盘飞转，石头在胡先生的手里渐渐有了轮廓。胡先生的眉头逐渐松开，我在旁边紧揪着的心也慢慢放了下来。虽然还没起货，但准成品的效果已经和之前草图预设的结果完全不同了。

不觉天色已晚。胡先生一边擦干手上的水，一边赞叹：“没这样做过，想不到这样改工效果这么好。明天继续做点收尾，看抛光、起货如何，我怎么就没想到要这样弄呢！”胡先生的语气中带着遗憾的惊喜。

我把还没做好的三颗毛坯收好，感谢胡氏夫妇的辛苦，和他们告辞，暂去酒店歇息。一到酒店我便拿出石头对着酒店的灯光从不同角度反复欣赏，这三颗石头的种水、颜色、大小、弧度、光度等，各方面的参数恰到好处地混为一体，胶质感在顶部凝为一团，荧光在下弧面边缘流转，三颗石头像活的一样，在我手心里发光。虽然还没有起货，效果已经超出预期。

次日一大早，我就来到胡氏夫妇的店里。胡先生二话不说，拿起石头直接开工，一晌无话。

再见到这三颗石头，已是焕然一新！

“我从来没见过光度这么好，颜色这么甜的木那种！”胡先生连连感叹，“真想不到改工的效果这么好，真不敢相信是从我这里卖出去的。”

“您哪儿来的？是不是家里都是做这个的？跟谁学的？”他一直

追问。

“平洲。”

至于师承，很惭愧，我一直没正经跟过师父，只不过日复一日地泡在市场，不计其数地对比，总结了些经验。平时私下还会看一些珠宝切割的书，知道什么样的切割标准能呈现出最佳的光学效应。如果一万个小时是把平凡人变成大师的必要条件，我花的时间肯定远远超过这个时长。

中午我再次对胡氏夫妇千恩万谢，拒绝了他们一起吃饭的盛情，在村口旁边的沙县小吃打发午餐。一碗沙县拌面还没吃完，电话响了，是胡太太。

“在哪儿？”

“沙县小吃。”

“吃完饭再过来看看吧，我们还有很多料子。”

“没钱了，从现在开始就得勒紧裤腰带。”

“没关系，吃完饭再回来看看。”和胡太太聊天，总是话有余地。

再见面，已是下午三点，还是在胡先生的办公室。看我进来，他们两夫妻起身寒暄。聊了一会，胡先生收声，胡太太发问：“三颗蛋面还在吗？”

“包里呀。”我不明就里，看他们炯炯有神地盯着我，就从包里摸出来。

胡太太冷不丁一句话：“卖吗？”

我愣住了。这个聊天的走向完全在我意料之外，昨天刚刷卡买进来的石头，今天居然要被卖回去。胡太太看我一头雾水，解释道：“这几天我们刚好有一个从台湾过来的客户。您这次把这份料子让给我们，下次有合适的石头，我们也让给您拿回去赚，行吗？”胡太太言辞恳切。

还是完全想不到，吃一份沙县拌面的时间，再见面的聊天，居然切换了买卖双方的身份。

“我们加5万。”胡先生一开口，就带着满满的诚意。

不得不说，这个价码很诱人，两天时间，赚了普通人大半年的工资。但是我也非常清楚，现在这份料子的价码已是不同昨日。

胡氏夫妇完全不放弃，一番软硬兼施的态度，让我昨天刷出去的钱又回到卡里，另外还多了买一部中档车的钱。我当然不能否认内心的喜悦，几天时间，靠眼光和经验有了这么一笔意想不到的进项。

再次见到这几颗石头，已经是三年后。某次在一个业内知名的展会上邂逅，三颗完美无瑕的灵石，被硕大的闪闪发光的钻石花团锦簇地拥戴着，在独立展柜里傲视群雄，引得来往的人们纷纷驻足，不停拍照留念。这份料子中间又经过了几个人的手，加了几次价码？我无从得知，看展示风格就知道其身价已扶摇直上，站在一个需要我仰望才能触碰到的平台上。

从这份料子上，我深刻地感受到揭阳人对剩余价值的穷追猛打。每一份高端料子的出现，都会优先在圈子内被猛烈地压榨一轮，然后才有机会流落在外。诚然这是石头的魅力，深层次原因也是人性使然。做生意，本质上就是从金钱的视角窥探人性的底线。

和胡氏夫妇之间的这个故事结局，并不符合我最开始的设想。但我们也因此相识直到现在，十几年的交情不算短。如今他们也慢慢淡出江湖，守着一方小铺，过着平淡的日子。遇到老相识，才会打开后面的房间，打开“吱呀”作响的保险柜，搬出绿的、紫的、粉的、黄的，方的、圆的、扁的，一盘盘、一块块的翡红翠绿，很多都是以公斤为单位。

子健的故事

和子健认识，是在一次偶然的饭局上。

一天傍晚，太阳一点点敛去刺眼的光芒，开始用另一种奔放、绚烂的姿态呈现。追着西边的晚霞，我沿着河堤疯跑，耳边只有风和沉重而规律的喘息声。

手机响了，是董先生。

“晚上过来吃饭吧，这次玉雕大赛一位朋友拿了金奖，请大家吃饭，叫了我们。”

“容我回去换个衣服，化个妆？”

“千万别，费那么多心思打扮，到时候又没人多看你一眼，不是白花钱了吗？”

“那我回去换个衣服，现在身上都酸臭了。”

“也不用，今晚都是雕刻大师，艺术圈的事儿比你酸臭得多了。快点过来吧，等下就开始了。”董先生催得急了。

半个小时到地方，地点选在海鲜城的包间里。推开房门，土豪气息扑面而来，超过两百平方米的包间装修色调就是“灿”，金光闪闪的墙壁上横七竖八地拉满了各种条幅，条幅上写满了各种让人面红耳赤的场面话。我来得不算早，也不算晚，董先生招呼我和他一起坐。我看他在上首，身边几个风格迥异的大老爷们儿正在以茶代酒地讲着场面话，自觉身份不配，就远远地在他们对面坐下。

客人们陆续到场。一眼望过去，很多翡翠行业有头有脸的大咖都来了，比如经常出现在行业杂志上的，或者参加行业论坛、行业比赛的。以前大多是在媒体上看到他们，这次难得都凑在一张桌子上吃饭。然而这真是一帮有趣的人，从穿着打扮上就可以分成几个阵营：有的看上去斯文儒雅，谈吐不俗；有的看上去卓尔不群，颇有仙风道骨的姿态；有的看上去就是大写的懵，脸懵、眼睛懵、头发懵、浑身懵，置身其中，灵魂却不知飘向何处；还有的看上去一副江湖术士的做派，留着山羊胡子，凡是露出来的皮肤，都纹满了各色图案，还有红的、绿的、咖啡色的各类盘珠爬满了手臂和脖子……董先生诚不欺我，和这帮人在一起，没有人在意其他人穿什么衣服，散发什么气味，说什么话，大家都仅对自己感兴趣的事儿聊得不亦乐乎。

酒过三巡，菜过五味，各个流派之间推杯换盏，气氛异常浓烈。主咖就是今晚上的金奖得主，一晚上风光无比，每一句话都气出丹田，声若洪钟，果真是人逢喜事精神爽。

突然，他往我身边一指：“看，那就是我的大徒弟子健！今天拿奖的摆件，他做了一半！”此言一出，全场的目光“唰”地就汇聚到了我这一边。我这才意识到，原来我身边竹节一样身板的小伙子有一个如此威武雄壮的名字。此时的子健兄，嘴里正啃着半只鸡腿。大家眼光一汇聚过来，吓得他连忙抬起了头，一半鸡腿挂在嘴边抖动。

“子健十四岁跟着我，来的时候还是个毛孩子。那时候就是看他太瘦，才取名子健，没想到十来年过去了，身板还是没发起来，不过他现在也管着二三十个师弟师妹，很多活儿我只负责画出来，功夫都是他领着下面的人做的。”主咖介绍的时候，满脸骄傲。而子健兄只是抬头和大家打了个照面，就继续低头啃他的鸡腿了，至于别人聊什么，全然不顾。偶有人向他打招呼，他只是笑笑然后埋头吃，一副不染俗事的模样。

就这样认识了子健。后来认识得久了，对子健的了解就多了。我总觉得他是个值得写的孩子。

两三岁记忆还没生根的时候，爸爸去世，妈妈改嫁，从此他和弟弟一起跟着爷爷奶奶过。三四年的光景，洗衣做饭的奶奶也去世了。然后爷爷也老了，他便早早地辍学，被人带入行，开始在翡翠界学习雕刻。

不得不说，子健天生是吃这碗饭的。他十四岁入行，第一年还是学徒，只会做一些简工，如山水鸟兽等花件，第二年画人物就很有神韵了。

我总是思量，他一身的功夫一半归功于他的慧根，另一半归功于他的纯良：越早入行，心思越干净。子健说，他十四岁开始每天伏在工作台上，听着机器打磨和流水的声音，整个人都是入定的状态。静而能定，定而生慧，这句话在子健身上得到了切实的印证。

背负着爷爷生活和弟弟求学的压力，子健学习雕刻尤其刻苦。跟着师父不过三五年，子健俨然成了师父的复刻，师父画完草图，剩下的都是子健领班干的，更有甚者，师父接来了活计，连图带工都是子健和同门完成的，师父最后加一个落款即可。当时子健的薪水已经万元出头，那是2007年前后，一个十五岁的毛孩子，开始在翡翠界有一碗踏踏实实的饭。

子健说，从领一万元的薪水开始，将近十年，他本还可以就这样领下去。然而家里不答应了，因为弟弟要结婚，弟媳妇的彩礼算到了子健头上，他只好找师父先预支一年的工资。于是，他在村里的名声就传开了，大家都知道他给弟弟娶上了媳妇，还给爷爷盖起了小楼，因此十里八村来说媒的排起了长龙。后来子健娶了老家村里的翠花，翠花也是个实在孩子，俩人在一起半天讲不了几句话，不过倒是蛮投机。有时候我和他们一块儿吃饭，经常看着俩人默契地一对视，再抿嘴轻笑。

再后来，他们的孩子出生了，开始在地上爬。第一次见子健的女儿，除了觉得眼睛大、有灵气、漂亮之外，还有就是觉得白，特别白皙的皮肤，甚至能看见表皮下面淡蓝色的纤细的小血管，我们都夸赞这是个天使般漂亮的孩子。直到有一天，孩子忽然晕倒，医院检查出来，孩子是患了先天性心脏病。

子健给我打电话，约我见面。再见子健，人像是霜打过的秋苗，蔫蔫的、黄黄的，一头灰白色的头发东倒西歪地瘫在头皮上，有些地方还露出了头皮。书里描述的一夜之间白头原来都是真的，想不到这个比我还年轻十来岁的男孩一下子就老了。

“姐，”他一向这样叫我，“给您看件货，看能不能帮我出手。”他从口袋里摸出来一个白色的纸包。

打开纸包，连我也吓了一跳，眼前这颗蛋面着实太不可思议了！拇指大小，谈不上很大，但是居然是浑圆的，大小和厚度差不多尺寸，竟然有点像大半颗珠子。颜色比正阳绿还要浓烈，关键是这么深的厚度，居然还能看到荧光，再看石头的结构，一点颗粒感都没有，而石头的下边缘又被很精妙地调过水，整颗石头仿佛在自顾自地发光！有这个品质的翡翠，实不多见。

“谁的？什么价格？”

“姐，您别问，能卖吗？”

“多少钱？”

“这个数能估到吗？”他伸出两根手指。

我脑袋里飞快地把最近过手的尖货对比了一遍，品质远远不如这个的，价格都开到几百万元了，所以他预期的价格完全没问题。

“我试试，如果不急，售价可以远远超过你的预期。”

“急，姐，我要一个月内收到钱。您想想办法。”

我把这颗石头拜托给了手头最有效的几个渠道。一个月内，价高者得。

子健收到钱的晚上，带着翠花和女儿请我和董先生吃饭。

“姐，我女儿的手术已经排上了，做完手术，我们就回老家。”他开门见山。

“为什么？”

“我从小就没有和爸爸妈妈在一起，自从我有了孩子之后，就发誓永远都不要和她分开。”简单的言语里，讲述了子健一生不能平复的心痛。

“姐，临走前，我告诉您我这辈子最大的秘密，刚卖出去的那颗石头，是我偷换我师父的。”

董先生和我愣了一阵：“为什么？”

“为了我女儿。”

“那你……”我欲言又止。

“姐，过了今晚，我以后估计都不会在这个圈儿里干了。”子健猛灌了一口酒，呛得脸通红，“我十四岁开始跟着我师父，是他教会了我手艺，给了我一碗饭吃。从跟着他开始，我感觉就像是有了亲爹一样。”子健的眼圈儿有点发红，“如果不是因为我弟弟结婚要钱，我不会要求师父加工资，这么多年，师父对我的好我都记着，我觉得足够了。这次我真的是走投无路了……”

我不敢看子健的脸，这个竹节一样弱不禁风的男人，满脸通红，两眼泪光。

“什么苦我都可以吃，但是看不了女儿遭这样的罪。如果不是因为女儿，我也不会这样。这些年，我帮师父赚的钱也远远超过我拿他的这件货了，基本上有他签名证书的作品，都是我做的。有两件获奖的作品，也是我做了七八成。”

子健说的这些倒是不假，他帮师父做活的事儿在圈里也不是什么秘密，甚至很多老板私下挖角，让子健出来另立门户，他都没答应。

“这次我真的是扛不住了，女儿的手术费，我打工一辈子也凑不齐。从查出来女儿患病，我就开始存了这个心思。这颗蛋面，我是从不同批次的货里慢慢一次一次置换出来的，最后一次在师父做的一条几千万元的项链里，凑巧有一颗珠子有瑕疵，磨掉一部分后和它相当，这才换出来的。”

“姐，一切都是天意，换到这一次，是我最后的一次机会，为了我女儿，我一定要搏一搏。姐，我知道这样是错的，我对不起师父，以后也不会留在这个圈儿里了……”讲到最后，子健两眼都是泪，一阵抽泣。他媳妇则在一旁逗着孩子，一言不发。

这个行业再也没有子健的故事了。我没有资格评论他的对错，也不想说太多。如果人生没有意外发生，子健应该也会和我们一样，平和地接受生活朴素的样子，顺其自然。现在在子健的朋友圈，有时候会看到他在老家养鸡、种菜、钓鱼的生活，也会看到翠花和他们面色日渐红润、茁壮成长的女儿。

另一种作品

和倚红认识的时候，我刚入行不久，算是识于微时的旧相识。以她名字命名的倚红翡翠工作室，韵味上像极了她这个人，古色古香中飘着一团仙气。倚红总是爽朗地介绍自己：“叫我阿红。”阿红长得漂亮，做事漂亮，人又极仗义，身边总是围着各种财主和才子。

有天在倚红翡翠工作室喝茶，她说：“我该介绍你和邹大师认识。”

“哪个邹大师？”

“邹万通啊，就是他雕刻了《满汉全席》。”

邹大师的作品许久前已欣赏过，以前摆在公司楼下，每次路过都忍不住驻足观看。作品取名《满汉全席》，内容自然不含糊：羊羔、熊掌、雏鸡、子鹅、鲍、翅、燕、肚，再加上什锦果子、各色点心……一桌子菜肴琳琅满目，让人垂涎欲滴。这些美食除了造型和实物一般无二，巧就巧在连颜色选择上都浑然一体，比如黄翡做的雏鸡，无色冰种做的燕窝。记忆深刻还拿在手里赏玩了一番的，是一盘墨翠雕刻的菱角，造型之惟妙惟肖自不必细说，用料也是极尽奢侈之能事，整个菱角都黑得发亮，用灯光照着一看，里面却又是碧绿的一团。这样的菱角，单一颗就价值不菲，大师足足做了一盘！慢慢地，《满汉全席》成了翠宝园的一大景观，只要路过的，无不驻足称奇。

想不到今天要去见大师。

从阿红的工作室出来，她骑电动车载我去。沿着小河边，凉风徐来，夹杂着零星的雨滴。随行的还有另外两位漂亮姑娘。在河边一栋极简陋的民建房下，我们停下了电瓶车。阿红仰面对着上面一扇巨大的窗户望了望，说："大师在呢。"

走过三层逼仄的楼梯，一转身正对着一扇门，门是开着的。抬头正对着一扇窗，窗也是开着的。微风拂面，细雨如烟，把整个房间的气息置换得清新温润。

一进门，面前风光尽收眼底。室内摆放着一张巨大的实木大板办公桌，桌子后面坐着位中年男士。没有开灯，光线从窗户泄过来，半明半暗之间，男士依稀像一尊雕塑。走到面前再看，颇为圆润，脑门尤其明亮硕大，头发很整齐地梳向脑后，弯弯曲曲很自然地垂在肩上。纤眉细目，一团和气。大师和想象中的不同，至少年纪轻轻，完全是成名在少年。

环顾四周，房间的陈设和大师的过往尽收眼底。大师正对面的墙壁是一面文化墙，上面有数不清的名流大咖和媒体访谈资料。

阿红看见他，笑。他看见阿红，也笑。房间的气氛一下子鲜活起来。

“阿鹏，这是邹大师，大师，这是我姐们儿，我觉得你俩可以聊聊。”阿红说完，拿起桌面上的烟。

聊什么呢？我看一眼这个男人，这个男人望着阿红，阿红正自顾自潇洒地吐着烟圈儿。我们就一起看从烈焰红唇里喷出来的云雾。

“看我干吗？你们聊啊！”阿红大笑，“要不就从《满汉全席》开始聊，你不是很喜欢吗？”阿红俏皮地向我吐着烟圈儿。

“噢，我是很喜欢，每次路过都看，一直觉得很神奇。”

“是啊，摆了很久都没卖掉，因为没人买。”大师笑着自嘲。

“那么谦虚干吗，欣赏的人多，说明艺术作品好；为艺术埋单的人少，说明艺术造诣太高，很少人能高攀得上。”阿红总结能力一流。

“你说得对！”大师立刻表示了对阿红肯定他作品的肯定，引得在场的几个人再次忍俊不禁。

“你是出于什么样的想法创作《满汉全席》的呢？”此言一出，大师哈哈大笑起来。

“不好卖啊！那时候做的货不好卖！天天发愁。做人物不好卖，做花件不好卖，做摆件不好卖，做什么都不好卖！”大师眉飞色舞地讲起了过往的悲惨经历，“而且我又喜欢吃，看我这体格就知道，那就自己做吧。不过别人是在厨房做，我是在机器上做。”

“有一次有块黄翡的料子，我拿到的时候是晚上，正是最饿的时候，刚好在网上看到别人拿着一只卤好的鸡，凭什么别人有我没有呀？于是，我就把那块黄翡照着样做成了卤鸡。”

“效果怎么样呢？”

“老板吓坏了，”大师又一阵狂笑，“他没想到我把这么好的一块鸡油黄翡变成了那个样子。”

“卖了吗？”我总是那么庸俗，问问题的角度离不开流通和民生。

“当然没有。”

“然后呢？”

“继续做呗，有的能卖掉，有的不能卖掉，反正做得越久，卖不掉的越多，慢慢地越攒越多，然后就有了大家看到的《满汉全席》。”

讲悲伤的过往，大师一直兴奋得乐不可支，引得我们几个人也跟着笑。不是每个人都有把悲剧讲成喜剧的能力，这里面集结着超凡的智慧和豁达的态度。

“听说《满汉全席》还是卖了个极好的价钱，还会再做吗？”

“不会，”大师回答得斩钉截铁，“首先，心态和年轻时不一样了，那时候更多是兴趣使然，做东西更多是遵循天性。每个年龄段的创作兴趣点是不同的，作品想传递的含义也不同。而且那时候的原料不像现在，价格一路飞上天，所以作品的创作也要结合当下的机遇。其次，《满汉全席》这样的作品，我已经做到了最好，以后没必要把有限的时间用来重复走老路，艺术作品也需要不断升华，这既是作品对创作者的要求，也是从业人员对自己基本素养的要求。”

不断超越、自我约束的态度，引得在座的几个人击掌赞叹。而大师估计最初也没想到，朴素的想法，朴素的作品，最终走向了博物馆收藏之路。

聊天不知不觉在一个又一个高潮中迭进，大师大手一挥：“走，带你们去看看我的小车间。”

因为从业的缘故，我去过不少名家大师的工作坊，大多数都是现场几十个学徒兼工人，和几排整整齐齐摆放的机器。名家大师早已摆脱了终日劳作的光景，一般会坐在窗明几净的外间，茶台、香案、活水、断桥诸如此类的风雅陈设一应俱全。大师们身着各类居士服，吞云吐雾的间隙，会给俯在身边的小徒弟们指点设计构图上的细节。有时候核心部位大师会亲自操刀一番，或者干脆把产品分类，层层推进地把细节推给技艺成熟的弟子们做，师父们乐得清闲，最后加上落款即可，反正最终只求卖个好价钱，而消费者又看不懂里面的门道，一见落款是名家印记就趋之若鹜。这样的风气在行业内已经是公开的秘密。

邹大师的车间就在茶室隔壁。推开侧门，里面坐了四五个工匠，每个人都抱着一块石头，在车间做粗坯。

大师引我们看后面墙壁上贴着的几幅图，走近了看，一幅《清明上河图》，一幅《郑和下西洋》，一幅《“一带一路”的战略规划》。“这是一个台湾客户要求的，他想让我用翡翠表现中国这些年的发展。接到需求，光创意我就想了好几个月，想得头疼，最后准备把这三幅作品融合起来，既有历史价值，又符合现代国情的主旋律。”大师介绍说。

他让第一个工匠停下手，指着有半幅屏风大的玉石给我们讲解：“你们看，这幅主要是参考《清明上河图》，不过我只取了其中的一部分。”沿着大师的手指，我们从毛坯中辨认出房屋、桥梁、城楼、车马、各色人物，无不栩栩如生。“我要把宋代最杰出的城市风光镌刻出来，以郑和下西洋真实的历史故事为背景，向世界证明中国正在变得强大。”大师指着玉石屏风左上角的河流说，“这里可以当作文明的起点，也是作品的起点。”

大师又带我们到第二个工匠的身旁，工匠停下手。屏风最前面，是一艘乘风破浪而来的巨轮，船底飞溅出乱琼碎玉般的水花。船头站着一位威风凛凛的将军，腰悬宝剑，气宇不凡。大船后面，不计其数的商船星星点点地散布在海面上，好一幅郑和下西洋的出海图！整个屏风气势磅礴，一派峥嵘气象。

“这些都是我构思设计的，到细节部分，都是我自己做，他们只做前面的粗活儿。”大师挺着肚，背着手，带我们在工作室一边游览一边讲解。

从车间出来，他又带我们进入另一个房间。这个房间的格调与之前的大不相同：火树银花，装修得富丽堂皇。整个房间按私人博物馆的装修风格设计，墙壁留下一个个橱窗，里面陈列着风格迥异的艺术品，在射灯的加持下，越发显得高贵神秘。三彩唐马、观音大士、鹰隼、兵马俑、大圣归来……我们跟着大师一路看过来，每一件艺术品都刻画得分毫毕至。站在每一件作品前面，眼前好像能浮现出作品诞生的年代、成长背景、生存空间。方寸之间，尽显传奇。

我第一次由衷感受到艺术作品的魅力。这些作品，不仅带来直观的视觉享受，还可以把这种感受无限延伸，给观众带来更广阔的想象空间。我见过很多大师，有的工于人物，有的工于山水，有的工于花卉，像邹大师这样在各个领域融会贯通，且都能造诣不凡的，绝无仅有。

“你们看，这么多都没卖掉。”大师两手一摊，又开始笑眯眯地自嘲。

任谁都看得出来，这个房间里堆的都是无价之宝。

“为什么这些作品都不雷同呢？做一个类型的会不会更容易？”

“当然会更容易，不过意义也不大，我不想把有限的时间用来做重复的事。比如说行内每次出现一个获奖作品，马上就被各种抄袭，这种不是我想要的。”大师沉思片刻，“再说了，每块石头也有自己的生命和个性，上千万年大自然的孕育，它们的颜色、质地、水头都不相同，都需要更好地被挖掘出潜质。我选料的时候，就喜欢从有味道的料子着手。这些石头看久了，就像是老朋友，我懂了它们，它们也懂了我。”

“还有其他作品吗？”

“有啊，爱因斯坦在交小板凳之前，已经有过两次失败的经历了，我的更多。”大师总不放过调侃自己的机会。

另一扇门推开，摆放的又是另一种风格形式的艺术作品，以大型摆件为主。

“看吧，这些都是早期为了迎合市场，跟风雕刻的作品。”面前大大小小、造型各异的摆件，一眼望过去，和市面上常见的大同小异，看不出新意，但也并不俗套。

“这些是我以前雕刻的，没有给作品注入生命力。”剖析作品，大师毫不犹豫找出当年的问题所在。

“那如果你想出手，也容易啊，以你现在的声望，只要加了落款，作品恐怕很快就会被抢购一空吧。”

“落款我是绝对不会加的！做人不能越做越回去了，这些作品我可以打折出售，慢慢出售，但是绝对不能加名字，从业这么久，我干不出这么没品格的事儿。”

笑中有泪，泪中有笑，好在未来都以我们喜欢的方式呈现。

回家的路上，阿红和我说：“我从来没见过邹大师和女士聊得这么开心，而且一聊几个小时。我也是第一次发现，志趣相投的聊天是一件这么有趣的事儿！”

“书鹏谈珠宝”

翡翠的雕刻

如果说翡翠是大自然馈赠给人类的瑰宝，那雕刻就是借助能工巧匠的手，让大自然的馈赠和人类文明有了链接的桥梁。雕刻可以是简单的石头打磨，也可以是对翡翠灵魂的重塑。我们可以在被雕琢过的翡翠身上，寻觅到情感的栖息地。

经过近二百年的沉淀，尤其是近二十年的长足发展，翡翠雕刻的技艺得到了充分的提升。同时，翡翠行业涌现出大量的杰出人才，不仅让翡翠雕刻的艺术性得到整体提升，而且对整个中国的雕刻行业、玉石行业都产生了深远影响。

针对翡翠雕刻来说，不同年份、不同区域、不同层次的原材料之间存在着显著的差距。

简单来说，如果以原材料切割的薄厚来区分，越早期的料子切割得越厚。比如十年前，我们可以看到大量厚度超过10毫米的翡翠作品。随着原材料采购成本越来越高，翡翠雕刻的厚度大幅缩水，尤其是近三年的翡翠色料，甚至出现了2~3毫米的厚度。这里也需要提及另外一种极端情况，有些色料的翡翠因为杂质比较多，为了剔除杂质和增强透明度，这类翡翠的底部被挖空，结果其厚度小于1毫米。单纯以厚度来判断，可以很容易地推测出翡翠的雕刻年代。

从区域划分来说，国内三个大的翡翠市场在揭阳、平洲和四会，这三个翡翠市场的特点各不相同。揭阳的翡翠市场主要倾向于中高端翡翠的雕刻，雕工尤其精美、细腻传神，比如以人物形象为主的题材；四会的翡翠市场以中低端翡翠的雕刻为主，雕工比较粗糙，存在大量的现代化机器雕刻，出品同质化现象比较严重，比如以山水花鸟为主的题材；平洲的翡翠市场是国内最大的翡翠手镯加工市场，国内市场占有率超过80%。

翡翠雕刻艺术性的发展还体现在作品的创新和细节处理上。

近年来，以揭阳工匠雕刻的作品为代表，创新了大量与时俱进、审美多元的艺术品，极大地丰富了近现代翡翠的艺术品市场。在细节处理上，传统的翡翠雕刻比较简单，比如只做一面雕工；近期的翡翠雕刻不仅做了双面雕刻，还会在很多细节的位置做大量的技巧性处理来增强翡翠的透明度、光泽感和色彩的变化，让作品更富有艺术气息。因此，从翡翠雕刻的技巧和细节处理上，也能推测出相对应的雕刻地和雕刻年份。

雕刻是赋予翡翠二次生命的过程，一些鬼斧神工的雕刻大师更能设计出颠覆性的艺术品，既丰富了翡翠市场，也丰富了我们的精神世界。让我们衷心感谢为玉雕一直默默奉献的匠人们，他们的精神值得我们敬佩。

翡翠之兴衰

在过去的二十年，谈到国内的玉石行业，我想没有哪一类玉石能赶得上翡翠的风头——以遥遥领先的态势在中国玉石市场上独领风骚。这二十年，翡翠的整体价格膨胀了20倍、30倍，甚至更高。

从清朝到2000年前后，虽然翡翠一直深受消费者的喜欢，但是受到开采难度、信息传播力度和经济发展等多重因素的制约，翡翠价格一直处于稳中求进的微涨局面，其涨幅在最初还比不上和田玉。但是这种态势在2000年之后得到了逆转，因为颜色丰富、硬度高和光泽度强的优势，翡翠快速地虏获了很多玉石爱好者的芳心，甚至超过了和田玉，一跃成为国内最热销的玉石品种。

市场的热销，让很多投资者开始进军翡翠领域。尤其是在2010年前后，翡翠市场产生了“量价齐涨”的喜人局面。反映在价格上，套用行内的俗话，说“一天一个价”毫不夸张。短短四五年的时间，大量从业者及热钱的涌入，使整个翡翠市场的从业人员规模和产品容量快速地扩大了4~5倍。

2009年到2019年，是翡翠行业蓬勃发展的黄金十年。来自全国各地的珠宝商络绎不绝地到平洲、揭阳、四会、瑞丽寻宝，珠宝店如雨后春笋一般遍地开花，在媒体上也经常可以看到拍卖的天价翡翠一次次刷新行业纪录。

任谁都始料未及的是，5G网络的发展揭下了翡翠神秘的面纱：直播行业的兴起拉近了翡翠源头商家和终端消费者之间的距离，再加上三年的疫情，低迷的经济形势加剧扭转了消费者对传统珠宝消费观念的影响，使其消费习惯发生本质性的改变。这些改变带来的结果就是盲从式消费热潮的褪去，且这种改变是不可逆转的。

现阶段，疯狂的网络直播更让传统的翡翠行业雪上加霜。其一，低端翡翠市场看似火爆的销售，实际上有数据显示，退货率高达85%；其二，目前主流的直播营销模式造成买卖双方出现极大的信任危机，因为大量的信息不对称，双方都需要付出巨大的时间和成本损耗。

和虚假繁荣的低端翡翠市场不同的是，高端翡翠市场的遇冷。一方面受经济大环境的影响，另一方面正如上文所说，翡翠几十倍膨胀的价格甚至超越了同样颗粒大小的红宝石、蓝宝石及祖母绿。一旦消费者发现了其他更有优势的国际型替代品，这种不理性的价格越界就会使高端翡翠陷入有价无市的尴尬境地。

当然，翡翠行业自身也存在很多问题，比如缺乏精准的评估标准；市场主要集中在华人圈儿，难以流通变现；价格太过于昂贵，超出了作为普通装饰品的范畴，让人望而却步；等等。而且借助网络的传播速度，以前需要五年甚至十年才能完成的商业进程，现在可能只需半年、一年就能完全实现。另外，除了翡翠行业自身的问题，其他新兴玉种也都在吞并翡翠的市场份额。比如近三年火热的危地马拉翡翠和最近开始大火的非洲翠，凭借价格优势都在翡翠市场上大肆拼杀。

翡翠从炙手可热到门可罗雀，没有人会预估到市场会降温得这么快这么猛。翡翠的从业者更没有想到自己居然成了这场击鼓传花游戏中的最后一环。这个沉痛的教训提醒所有从事翡翠行业的朋友：不只要低头走路，还要学会抬头看路，最好是左顾右盼。因为当翡翠的价格越过同梯度的其他国际名贵宝石的价格红线时，基本上就应验了“上帝让他灭亡，必先让他疯狂”的说法。

不管怎么说，翡翠是集美丽、优雅、灵性于一体的玉石，消费者想拥有自己心仪的宝贝，从业者想借其养家糊口，需要借助规范有序的市场才能让大家共同看到希望。在目前这种高位横盘的情况下，市场真的需要多元发力才能从困境当中破局。

·第五章·

寻宝大冒险

以执着为师　走一条与众不同的路

这份勇敢　始于无知　穷于博弈　终于笃定

无冒险　枉少年

搏的就是一个无限可能

武汉的一年

如果不是在中国地质大学（武汉）的学习，我对石头的了解将止步于翡翠，在平洲玉器街的喧闹与安静中，做点小生意，安稳于衣食无忧的生活。对翡翠的了解，也只限于肉眼感官，认知自始至终都会是种混沌状态，更谈不上后面解锁真正意义上的珠宝。

这明显不是我的性子，也不符合我对石头朴素的追逐。所以，某天在网上看到了中国地质大学（武汉）珠宝学院的广告之后，我心急火燎的，生怕登不上骗子们的贼船，来不及考证就赶紧汇款。所幸运气不错，中国地质大学（武汉）的招生并不是虚假信息。我丢下处在高峰期的事业，丢下了一岁的董小北，离别了温暖的董先生，做了在我清醒认知人生后，还坚持认为正确的决定。而且随着年岁的增长，我越来越肯定：整个人生通过不间断的广泛学习，可以有多一些选择，可以调整轨迹，运气好的话，还能找到稍微快一点的捷径。

2013年，我在武汉度过了难忘的一年。武汉是一个从水里长出来的城市，长江横贯其中，冬天尤其难挨。抬头看灰蒙蒙的一片，空气潮湿得都能拧出水了，衣服也没那么干爽，风一吹刺骨的寒。

每天下午四点，我都会换上优衣库打底T恤，外面套一件单薄的运动装，沿着校门口的路，一路往北，龟速跑步。路过一个很袖珍的农贸市场，卖主多半是附近的菜农，买家以学校的学生为主，尽是三三两两的女孩子或者出双入对的男女。菜式不多，胜在新鲜：粉嫩的西红柿，长着虫眼儿的豆角，水泡一样的玉米，还有香甜的烤红薯。

穿过这个小市场，后面路上的人就稀薄了。再走过一条环线，人烟更少，路边开始出现高耸的水杉。在笔挺粗壮的水杉树下，有一种在森林中漫步的错觉。透过树木，我喜欢眺望远方的田野和田间劳作的农民。看他们佝偻着腰挑水，像对待婴儿一样打理各自的菜园子，在田间的窝棚里小憩、抽烟，这些都让我重现记忆中童年的画面。

一路向北会路过几个不同的地方，比如置身在藕花深处的酒肆。这是一个四季鲜明的池塘，接天莲叶无穷碧的时候，池面被层层叠叠的荷叶遮蔽得看不到水；荷花盛开的季节，硕大的花瓣会随着来往的风不停地跳舞；等到秋冬凋零，湖面稀疏，又成全了留得枯荷听雨声的唯美画面。池塘中间有几座小亭子，彼此用回廊连接着。餐桌外是护栏，有时候高高跳出水面的荷花会调皮地把脑袋伸到餐桌上。拨开荷叶，肥美的鱼儿在下面成群结队地自由游动，偶尔有食客把吃不完的米饭倒入水中，鱼儿就追着食物“呼啦啦”地游来游去。

从学校跑到这片荷花池，身体逐渐从僵硬的冰冷状态苏醒，有一点麻酥酥的温度在体内散开。呼吸也变得有些急促，适当地增加几个深呼吸，让武汉湿润冰冷的空气在肺部待的时间长一点，再慢慢地吐出来。扛过这几分钟，就可以匀速跑一两个小时。

接下来会路过一个梅园。武汉的梅花和广州的大不同，因为天气的缘故，广州的梅花总是开得心不在焉，有时听说某地的梅花开了，驱车刚走了一半路，朋友说一场大风，梅花已经谢了，总是赶不上趟儿。而武汉的梅花，娇嫩的粉、浓艳的红、纯洁的白、明亮的黄……一团团、一簇簇，密密麻麻地堆在树梢，风吹、雨淋、霜打、雪压，这些梅花像是用胶水粘在树梢，精神抖擞地对抗着整个冬天。

梅园之后的下一段风景有些凌乱，首先是遇到各种造型怪异的奇石。看情形像是有人费了很多心思从全国各地搜罗而来，汇聚到一起。然而不知道是半途而废，还是没有统筹设计的能力，这些远道而来的石头并没有被梳理成风景线，只是被随意地丢弃在路旁。有些被杂草半掩埋着，有些像张着大嘴要吞噬路人的怪兽。奇石里面有一小块空地，地面铺着长满绿苔的青砖，上面摆着几排盆景。

最开始我总不敢跑进这个乱石阵，仅在路过时偷瞄几眼，最终还是克制不住内心的好奇，去看这些千姿百态的盆景——尽管我并不推崇这些按照人类病态意愿生长的植物。这几排盆景或许当初只是被心血来潮的主人买来，然后又失去了打理的兴致，几个月或者一两年下来，盆景也变了样子。虽然骨架还带着被扭曲过的烙印，新芽却重启了大自然的模式：自由自在，野蛮生长。这些曾经被约束过的生命以另一种方式重塑生命的灿烂。不幸与幸运亦如孪生，赋予这些盆景独具一格的魅力。

再往后跑，尽管是熟悉的跑道，有时我还是会跑岔路，莫名其妙地跑到湖中央。入湖是一条狭窄的、笔直的长堤，长堤两旁整齐地种着垂柳，柳枝温柔地抚摸着水面，微风扫过，湖面就荡起一圈圈儿的涟漪。长堤的终点位于湖水的中央，站在中央环顾四周，湖水平静如镜，远处的民居和小树林若隐若现，灰蒙蒙的天空在远方和湖水融为一体。四周一片静寂，偶尔会有几只雪白的水鸟飞过。从长堤离开湖心，偶尔会遇到垂钓的人，让我这个旱鸭子匪夷所思的是，钓鱼的速度居然可以这样快：鱼钩丢下去就可以抄起来，几秒钟完成一次垂钓，像是有人潜在水里把鱼挂在鱼钩上。

回程的速度会略慢一些，大概两个小时跑完十公里。武汉总是会碰到纤细的毛毛雨，很多次回到宿舍，衣服外面是湿漉漉的一层，里面却热腾腾地冒着汗。

晚餐固定和几个朋友在外面边吃边聊。还在读大四的王盟从早上八点开工，直到晚上才出门觅食。如果“颜值即正义”是真的，那徐晶同学一定最能代表正义的力量，看在脸的份上我们总是允许她信口开河，对美女的宽容是无原则、无底线的。国文是专门从美国跑回来学珠宝的，他对事物总是有持之以恒且志在必得的勇气。几个愉快的吃货，吃遍了附近的几条街巷。

留给学习的时间是一整个漫长的夜，不眠不休，直至黎明。或者是因为喜欢，或者是因为偏执，或者只是出于在工作上的自我要求，在条件许可的范围里，我不允许自己在专业领域有认知瑕疵。

很多人问过我怎么学好珠宝，我建议板砖厚的专业书无盲点地背几本就好了。他们都觉得我在开玩笑，那么厚那么无聊的专业书怎么背呢？我也从不过多解释，我们对珠宝开玩笑只是花点时间，珠宝对半懂不懂的人开玩笑，那就是数不清的金钱了。

学习的过程中，有难耐的寂寞，也有收获的欢喜，最终我也获得了我想要的，建立了相对完整的珠宝观，让我对珠宝知其然亦知其所以然，对珠宝的理解从表象到理论，讨论珠宝时不再只停留在皮毛，打通了表象和根源之间的桥梁。而且越到后来我越发现，这个行业最终印证了“纸上得来终觉浅，绝知此事要躬行”的道理。学习珠宝，是一个缓慢的过程。

感谢中国地质大学（武汉），感谢朝夕相伴的小伙伴们，感谢哭晕在厕所的自己，感谢风雨里的奔跑和不眠不休漫长的夜。

从尖晶石说起

某一年的香港珠宝展，我和朋友楠楠一块儿去参加，她曾在国内某珠宝鉴定实验室上班。

琳琅满目的宝石在我看来大同小异，红色的有红宝石、碧玺、石榴石；粉色的有碧玺、粉色蓝宝石、水晶；蓝色的有蓝宝石、托帕石、海蓝宝、坦桑石。这些外观看起来都差不多的石头，名字各不相同，价格更是相差十万八千里，有的几十元，有的几万元甚至好几十万元。

楠楠在选一组粉色的石头，三角形切割，浅粉色，亮晶晶的像玻璃。一问品种，是尖晶石，旁边另一组蓝粉色的，是蓝宝石。看着差不多的两种粉色石头，居然是两种东西。既然不能从外观上区分，我就试着从价格上判断价值，货主是印度人，他答复：粉色蓝宝石都是几千块钱，尖晶石才几百块钱。但是它们肉眼看上去是一样的啊，我内心充满了小问号。

香港珠宝展一行让我大开眼界，我带着一肚子问题重新回学校学习。刚好老师在讲课中分享了一则案例：举世闻名的英国王冠的核心位置，镶嵌着一粒硕大、明艳、鲜红的大宝石，从正面看保留了原石天然四面体的轮廓。为了保留最初的重量，匠人并没有做切割，甚至连原始矿坑都未做处理。宝石殷红如血，在钻石、红宝石、蓝宝石、祖母绿、珍珠等众多名贵珠宝中脱颖而出，其王者地位不言而喻，使整个皇冠显得华美异常。该枚宝石被冠以“黑王子红宝石”。无独有偶，另一则案例也是一顶举世闻名的皇冠——叶卡捷琳娜二世大皇冠上镶嵌着一颗硕大的尖晶石。

为什么在举世瞩目的皇冠上会出现这样的乌龙，英国王冠上的尖晶石甚至直接被命名为“红宝石”？

在宝石学历史上，最初宝石学家们仅仅从颜色上做区分，红色的红宝石和红色的尖晶石很长一段时间被混为一谈，归入同一个类别。在两者的其他色系中，颜色、亮度、纯净程度等都可以做到肉眼无差异，不管是主观因素还是客观因素，都存在被混为一谈的可能性。另外，因为天然宝石级别的红宝石裂理比较多，很难出现大颗粒晶体。而皇冠除了对颜色有要求，大小也是一个重要参考指标，基于此，尖晶石以其纯正明艳的颜色和硕大的体型，在宝石界被另赋使命。

这个谜底直到近期才被珠宝学界揭晓，原来两种如此相似的石头，其内在的分子结构、比重、折射率、外在的晶体形态等都不一样。两者只是生长于共同地矿条件的伴生矿，分属于刚玉家族和尖晶石家族。

我向学校老师咨询对尖晶石的看法，她说：“归到半宝石的范畴，并不太看好，因为在历史上这么久，价格都没起来，想来以后也不会有奇迹。”

我不太认可老师的说法，不管是查阅历史文献，还是亲眼见证，尖晶石都具备作为贵重珠宝的一切条件：异常美丽，和刚玉家族无差异的视觉效果，甚至多次导致乌龙事件；稀缺，既然是刚玉家族的伴生矿，地质条件相同，产量肯定也不会多；最重要的是，尖晶石的莫氏硬度达到8，符合贵重宝石便于收藏、储存的要求。但是因为从刚玉家族中分离出来得比较晚，在商业市场上还没有形成广泛认知，无法带来规模效益，因此价格还处在洼地。

我更相信自己的判断。不管是从历史角度，还是从事实角度看，我都觉得这里面一定有巨大的商机。查询世界上最重要的产区，既然尖晶石和红宝石是伴生矿，那应该到喜马拉雅山脉下的一些国家去找，缅甸、越南、柬埔寨都有开采尖晶石的历史。因此，我决定飞一趟，一探究竟。

我选择先飞到中缅边界的瑞丽，背靠缅甸开采国，接壤国内最大的边境贸易市场。在瑞丽住半个月，每天都在看尖晶石和红、蓝宝石。一盒一盒五颜六色的尖晶石，像糖豆子一样。反复比对，我对尖晶石越来越爱不释手，除了和红、蓝宝石相似外，尖晶石还有一个显著的优点是红、蓝宝石无法比拟的，就是亮度。在太阳光直射下，某些荧光感强的尖晶石可以产生强烈的荧光效应，像一颗颗彩色的霓虹灯，亮度远远超过红、蓝宝石，我愈发坚定了自己最初对尖晶石命运的预判。在评估尖晶石的过程中，我慢慢发现，因为商业价值和规模效益比较低，甚至连处理手法都很少用，偶尔会发现几颗泡油的尖晶石。对于在红、蓝宝石中已经用烂的热处理手法，暂时还没有在尖晶石中发现。

我选择和缅甸人做生意，然而他们对尖晶石的开价天悬地隔。对待陌生客户，他们都以游客收费标准，鸽血红红宝石色的尖晶石，价格都是以万元为单位，默认为缅甸红宝石，反正基本上不会有人质疑。至于彩色尖晶石，则几百块钱，跟碧玺归到一个梯队。

所幸，在瑞丽我认识了Ting Ting妈妈，六十多岁，生于缅甸抹谷，长于缅甸抹谷，一生从事珠宝生意。她说这些都是她从小玩到大的石头，并建议我去缅甸，去她的家乡，那里会有更多机会。从瑞丽回来，两手空空。不过接下来我做了一个重要决定：从翡翠界跨入宝石界，我的第一选择不是国际公认的钻石、红宝石、蓝宝石和祖母绿这四大名贵宝石，而是选择了名不见经传的尖晶石，这个被精心筛选出来的品类，我愿意为之一搏。

按Ting Ting妈妈的建议，我要去缅甸。去之前，我先抵押了两套房产。

路：启程缅甸

无数次的，我想写下这条路。

可能有人会说，不就是一条路嘛，有什么好写的？在过去我有限的人生经历中也走过不少路，只有这条路刻在了记忆深处。不管脑海里后来又装下多少故事，这条路都像是被刀刻出来的一样，清晰地在我脑海中蜿蜒曲折着延伸向远方，什么事都盖不过对这件事的回忆。这条路，是去缅甸的路。那时的我还不知道，从彼时开始，一切都不再是自己主导，甚至包括生命。

一大早走出瑞丽雄伟的海关，再回头祖国母亲已经在身后。我想象着缅甸海关应该和中国的一样：整洁、雄伟、庄严。身边的Ting Ting指引我向前面一座粉色的两层建筑走去，我怎么也没想到，眼前这座居民楼一样的建筑就是缅甸海关。我走过一个像中国边远县城客运站的海关，跟着Ting Ting狼狈不堪地穿过几道铁栅栏，不明就里地就走出了小房子。

出了门口，眼前的路面像记忆中二十世纪八九十年代农村的沥青石子路，不过这里的沥青、石子和沙子明显不太团结，石子脱离了沥青，随意翻滚着，在路面上留下一个个小坑。沙子也摆脱了沥青，每一个脚印走过去，都能激荡起灰尘。

和国内村口总是围着一堆老太太不同，这里在路边一撮一撮站着的，是清一色的缅甸年轻人，不知道嘴里嚼的是什么，只看到他们的嘴不停地蠕动，不停地吐口水。偶尔看到一个陌生人，就死死地盯着，眼神里流露的情感不知道是渴望还是忧伤，或者仅仅是无所寄托的空洞。一会儿不知道谁嘀咕了几句什么，引来一阵哄堂大笑。我难以置信地看着一墙之隔的缅甸，无法想象一墙隔开的居然是物质与精神完全不同的两个世界。

Ting Ting并没有留给我太多平复情绪的时间，一直在催促快一点，再快一点。她指着马路对面的一座民居别墅，那里就是我们要去的地方。

到了民居别墅里，院子有一半被一棵大树庇护着，燥气瞬间降下不少，我情绪平复些许。Ting Ting为我引见办理矿区通行证的中介。因为此番出行，我的目的地是缅甸抹谷矿区，除了需要办理护照外，还需要办理专门的矿区通行证。我看到一堆盖着各种印章的文件摊在桌面上。帮我办理矿区通行证的中介用当地语言和Ting Ting沟通，最后把护照和一沓文件交给她。从出关开始，像唐玄奘倒换通关文牒，中介准备的文件厚厚一叠！后来我才懂了，战火不断的缅甸，山路分段而治，过一个山头就得用一张通行证。

别墅小院里停着一辆车，办理矿区通行证的中介招呼司机把车开过来，停在门口。中介从房里出来，扛着一个像农村用来装粮食的麻袋。麻袋被塞成一个四四方方的柱子，一丝空隙也不留，把柱子扶起来，大概到我的肩膀那么高。“这里装的是换好的钱。”Ting Ting示意我。

第一次看到麻袋除了可以装粮食，还可以装钱！我第一反应肯定不是喜悦，是不安？还是忐忑？还是恐惧？可能我的脸上已经写满了情绪，但又只能尽量装作平静。我没时间也没心思清点这笔钱，只是快速用手摸一下，都是用绳子捆好的现金，扎实得像一块一块砖头。虽然和国门只是一墙之隔，我却第一次体会到了什么是异国他乡：我要独自一人携带着一袋和我的体量差不多的现金，在一个相对落后的国度上演一幕真实版的“稚子怀千金于闹市之上”。

司机是一个又高又瘦的男人，三十来岁，好像和我差不多的年纪。Ting Ting坐在副驾，我和那个装钱的麻袋在后排。彼此没有客套话，没有告别时假装诉不尽的衷肠，也没有表情，每个人都精确地进入自己的角色。

出发！

行车速度并不快，大概保持在五十公里的时速。刚开始的山路还算平整，车不怎么颠簸，路面偶尔会窜出家畜或者行人。我笔直地坐在后排，把脚踏在麻袋上，仔细地留意两侧和前方路面的风吹草动，明明知道这幼稚的行为并没什么用，只是为了缓解焦虑和心理压力。偶尔挪动一下身子，才发觉僵硬得有点发疼。

不知从什么时候开始，路边能看到的乡村和人家越来越少，车开始往连绵起伏的群山中开去。路面变得没那么平整，小块石子砸着车的底盘，“噼里啪啦”声不绝于耳，尘土逐渐增多，视野也开始变得有点模糊。山体一侧的石壁越来越陡峭，有时感觉各种奇形怪状的石头就贴着车体，司机一路全神贯注，不管是什么路况都能呼啸而过。被开凿过的山体伤痕累累地展现在眼前，我时刻担心会不会有石头坠落，会不会砸中我们的车，会不会刚好横亘在狭窄的山路中间，会不会砸坏前面的路基……一连串的问题在脑海里闪过。

偶尔山间也会飞出一瀑姹紫嫣红的山花，然而我全然无心欣赏。我和Ting Ting这对素日里相谈甚欢的姐妹，一路上都是正襟危坐，静默不语。

我心想着这条路上的人和车会越来越少，然而又不完全是。不知道什么时候起，我发现车逐渐又变得多起来。最开始只是一些零星的大货车、卡车、集装箱停在路边，我们轻巧的小轿车还可以偶尔变道。慢慢地，我们好像驶入一个车的矩阵：装满各类货物的大卡车，乖巧得像小朋友的积木，被整整齐齐地码在山路两侧，中间只留下狭窄的通道，仅容一辆小轿车通过。

偶尔开过一两百米，会有可以会车的缓冲地带。我从会车处看停在山路外侧的大货车们，可以清晰地看到他们的轮胎就贴着山崖边缘的生死线，我只能祈祷我们轮胎下的每一块岩石都是铜墙铁壁，坚不可摧。我既感慨大货车主们的不易，也在会车的瞬间，希望自己的车更安全一些。人性是自私的，当生与死以同样的概率出现在凡人面前，我们都希望自己生的机会可以多一点，至少我内心卑微的想法如此。

我们的司机全神贯注地在有限的缝隙里穿梭，稍有不慎就会蹭到旁边的车。显而易见，他开惯了这条路，总是能在分毫之间毫发无伤地带我们安然通过。

1 缅甸海关门口

2 缅甸办理矿区通行证的资料

3 司机

4 山路

我认为这是一程很难很难走的路。当我们的车驶出大货车的列阵，我长长地吐了口气。刚松了松神，眼前的景象又让我的精神不由得为之一紧。路越来越窄了！原本两边都可以排满大货车，现在连大货车都紧紧地贴着山崖的里侧，我们的车只能贴着山崖外侧在山间盘旋。一边是密密麻麻的大货车，一边是深不可测的悬崖，隔着防护玻璃，是能见度越来越差的漫天风尘，若司机稍微不慎，或者轮胎下的地基松软，或者受到风沙的影响，我们都有可能连人带车滚进深不可测的悬崖。

从早上九点钟左右出发，我一直僵着身子端坐着，Ting Ting也僵着身子端坐着，司机面无表情，全神贯注，我们三个人都目不转睛地盯着前方。我不知道什么时候才能到达，不敢问，也不能问。启程前，我曾三番五次问过Ting Ting大概需要几个小时到达，她都没有正面回答，只是说："早一点，尽量早一点，有时候在外面时间不确定，不好说时间。"此刻在这条路上，我理解了为什么他们出门不约定到达的时间，不是因为没有时间观念，而是一旦上路，他们也不能把控全局。人在路上，不问归期。我怀着这种悲观的英雄主义颠簸于一条前途未卜之路。

终于怪石嶙峋的大山被抛在了身后，看时间已经到下午一点钟，司机把车开到路边几间草棚子搭的餐厅前，我们准备吃午餐。餐厅很简陋，木棍子做的骨架，上面遮着枯草。老板娘看客人来了，分外热情地招待，脸上洋溢着敦厚的笑容，Ting Ting只简单点了几个菜。吃饭对我们来说不再是一件享受的事，只是为了片刻休息和补充能量。出发前司机从旁边的一个油桶里，用管子给车加了些油。

匆匆干完这顿饭，我们又上路了。这次让我惊讶的是没想到小轿车居然能开出了越野车的性能——轿车貌似在一条被称为路的小道上行进，但车头和车尾很难平稳行驶在一个平面上，车上的我们时刻感觉身体晃荡得前俯后仰。路两侧全是比人还高的衰草，车和人完全湮灭其中。

有几个瞬间，一恍惚我又什么都看不到。不知道车轮下是不是真的有路？这台垂垂老矣的小轿车，用最艰辛的步伐缓慢地爬行。两边除了衰草，还有灌木丛探出来的苍劲有力的枝丫，车身偶尔被灌木抽打或者刮过，发出“嗞嗞”声。而让我始终不能理解的是：为什么漫山植被的地方居然还有这么大的沙尘？

前路一半被伸出来的衰草掩盖着，一半被扬起的沙尘遮挡着，听到摩托车的引擎声或者看到晃动的车灯，才知道对面的摩托车队就在面前几米远的地方。这些摩托车，背后都是驮着像小山一样高的大包小包物品。

山路上的夜幕好像拉下来得早一些，夕阳偶尔在几个山坳里露个面，又不知躲到哪儿去了。很快，我们完全被吞噬在黑夜里，紧跟着车灯在暗地里赶路。没有人说话，除了能听到石子敲打汽车底盘的声音，还能听到自己的心跳声。晚上八点钟左右，车体的颠簸逐渐平缓，路边零星地出现一些灯光。

又开了半个小时左右，我们的车开进一个小院子。Ting Ting告诉我晚上住的这个地方叫“眉谬”，听名字觉得娇媚矜持，像位异域文化中散发着别致香味的豆蔻姑娘。

这是一个安静清幽的庭院。主体建筑一共两层，一楼分出五六个房间，每个房间前面都探出一半，留作阳台。几对白人坐在阳台上品咖啡、看书、呢喃细语。酒店的主体建筑墙体采用了浅蓝绿的颜色，灯光采用了温暖的淡黄色。院子不大，墙角下高矮不齐、大小不一、错落有致地摆放着一排各种造型的花盆，里面盛开着姿态各异的花株，引得蜜蜂、蝴蝶大半夜的都不肯休息。我喜欢这个小院子的生活态度，一看便心生欢喜。

司机麻利地扛起后面的一麻袋钱，随我们爬上二楼，送入房间。从麻袋进入这个房间起，我和Ting Ting就不能离开半步。服务生把食物送入房间，我想先去冲个澡。

在洗手间漱了好久的口，口腔和鼻腔里出来的东西还是发黑发黄，感觉灰尘都吸到了肺里。洗澡的时候，用酒店唯一的一块肥皂搓了很多次，很多次，怎么都洗不干净，脸、脖子、身体，甚至头皮都是油腻腻的。

简单果腹，躺在床上，一路奔波，我真想倒头就睡。一个声音却一直拼命地对我喊："别睡，别睡，床旁边都是钱，是你积攒了好久的身家。"我不知道自己到底睡了没有，一个晚上都在恍惚中挣扎。

我不知道这条路到底有多长，感觉有四百多公里，车开了十一二个小时。事后，我也一直没有勇气对着地图核实这条线路。这段记忆就像是一场梦，我连一辨真伪的勇气都不想有。不过，远处的山峰，近处的悬崖，密密麻麻的大卡车，遮天蔽日的沙尘，衰草连天的原野，持枪站岗的士兵，云端的雄鹰，山间的绯红，这些零零散散的记忆，经常在我脑海里浮现，从不曾走远，也不曾褪色。

抹谷之行：布网

去抹谷（Mogok）的行程分为两天。第一天在记忆的长河里毫发无伤清晰地存在着，第二天仅存的印象就是一段轻松愉快的小旅行了。前后两天我好像是在两个不同的时空维度，过着两种截然不同的人生。我也意识到，吟风咏月的欢乐时光，经不起时光的打磨，不会有太深的印记，风一吹就散了。

酒足饭饱，看时间大概十点左右，司机帮我把麻袋扛上车准备出发，状态透着小轻松。Ting Ting也不再催促我，一路都在用缅语和司机聊天，我则在后座躺着，很快就迷迷糊糊地进入梦乡。偶尔被颠醒，看着窗外的美景飞速而逝，近处的野草，远方的森林，澄澈的蓝天，大团大团的白云就贴着树梢，有时路边会突然冒出大片大片的野花：粉的、紫的、白的、黄的，五颜六色，连绵数公里。我再也忍不住了，即便是在飞驰的车上，拿手机随手一拍就是一张大片。阳光普照着的原野，静谧得像一幅天然油画。一路上我都在赞叹："没有留下太多人类痕迹的地球原貌，居然是这般奇幻！"我们的车在各色美景中穿行，好像一直沿着这条路，在不远的前方，我们的车会从绿洲爬上云山。

沿途还碰到僧侣们，穿着黄褐色或者枣红色的僧衣，一个人、两三个人，或者三五个人排成小队伍。在路边双手合十，低着头、光着脚、目不斜视地走着。路边坑洼不平，满是碎石子，他们不绕路、不交谈，也不躲避头顶的太阳，只是默默地走着脚下的路，像一尊尊移动的雕塑。

那一刻，我感觉自己和这些僧侣有点像，只是我们在向不同的方向朝圣，他们的终点是找到灵魂可以安放的地方，我的终点是内心向往的风景。偶尔在路上相遇，又在各自狭窄的道路上义无反顾地踽踽独行。虽然身处同一时间和地点，却在不同的维度里擦肩交错，灵魂和肉体最终奔赴不同的方向。

那一刻，我也想到人生其实有很多这样的画面，虽然形式上我们经常可以很多人聚集在一起，但是每个人都在自己孤独的城堡中，形式上的所谓的亲密并不能消除我们之间的壁垒。这可能也是孤独的本意。

几个小时以后，我们的车停在一个半山腰。当地有两家五星级酒店，据说是同一个老板。Ting Ting把我安排在离她家比较近的那家酒店，办理好入住是下午三四点钟。司机最后一次帮我把一麻袋钱扛进酒店，站在酒店门口抽烟。我不记得最初谈妥的薪酬，实际付给他的大概是原来的三至四倍。在变化莫测的路况下，安全是最重要的，我感激他过硬的职业素养。他面无表情地接过钱，我再一次确认他冷静、沉稳的眼神，从此再也没有用过这位车技卓越的司机。出门在外，我不想讨论人性的善良与伪善，只是不想给任何人第二次直面金钱的机会。

听说我来了，小姐妹们开着摩托车“呼啦啦”地就来了。这些都是在抹谷土生土长的孩子，我和她们之前在瑞丽积攒了交情。

我想马上去宝石交易市场。她们说现在太晚了，市场上没什么看的，建议明天再去。下午三四点钟的光景，这不正是工作的黄金时段吗？我不理解为什么这个点就晚了。眼见为实，我执意要去市场。潜意识里，一旦涉及生意和珠宝专业的问题，我基本上不会听从任何人的建议。确认过放在酒店房间的钱的安全问题之后，我们便一起骑着摩托车在崎岖的山路上欢笑着奔赴市场。

很快，一个巨幅广告牌出现在路边，她们纷纷指给我看。这就是举世闻名的珠宝圣地抹谷啊！一路上我都无法克制自己的忐忑和激动。

我想跟着她们继续往里面走，她们表示里面是宝石开采区，外国人禁入。虽然我有些失望，但是也佩服缅甸政府的保护主义，保守、有序地开采，不管是从商业发展还是环境保护的角度来看，都更有利于行业长期、稳健地发展。我们在广告牌下拍了一些照片，遗憾离开。

小姐妹们指着不远处的一块空地，说那边就是大名鼎鼎的抹谷宝石交易市场——伞市（Pan Chan Gem Market）。于是一脚油门，我们的车开到了一块群山环抱的空地，山一层一层地向远方延展，颜色由墨绿变黛变蓝变烟青，最终在远方和天际融为一体。

这里的珠宝交易市场和我想象的并不一样：空地并不大，桌子也不多，几十张桌子分列几排，每张桌子中间都撑着一把遮阳伞。市场真的散了，有几把伞下坐着零星的几个人，还有几个闲逛的，有几群人坐在

1 抹谷广告牌

2 在抹谷的我

3 大伞宝石交易市场

市场边缘处喝咖啡吃下午茶。很难把眼前这个有些冷清的集市，和“世界级珠宝交易市场”这一称号联想到一起。

看几个当地女孩子带我进来，人群中有点小骚动，很快有几个人拿着各种纸包围上来。显然，他们对我这个新面孔很感兴趣，因为当时的抹谷矿区已经很长一段时间没有对外国人开放了。看到陌生的面孔，他们也看到了莫大的希望。不过，他们都被我身边的女孩们挡了回去，有几个不死心的，继续打开纸包给我看，也被挡了回去。

第一次进入这个市场，我第一个想法不是交易，而是先走走看看，从市场的入口到另一端、从最左边到最右边。除了身边围着的一帮小姐妹，还不停有当地人围上来，手里晃着各种明晃晃的大石头，姑且称之为“宝石”吧，因为这些石头多半是试探作用的矿石或者半宝石、仿制品。半宝石如水晶、海蓝宝、托帕石、橄榄石、石榴石等，仿制品如各类玻璃仿制品，或者合成的宝石及合成的半宝石。

在陌生的环境下我都喜欢先溜达一圈儿，对这些第一次谋面却异常热情的当地人，我基本上都微笑着扫一眼他们手上的石头，不会多说，但心里大概有底：有些是卖假货的，有些是卖优化处理过的货品，有些是卖半宝石的，有些是卖劣质宝石的……虽然都是一眼之缘，也过滤了七七八八，基本明确在这个鱼龙混杂的市场，有些人或者有机会再见面，有些人则要敬而远之。

值得一提的是，在这里卖宝石的商贩，有男人、女人，有十来岁的孩子和牙齿脱落的老人。以售卖水晶、托帕、碧玺、石榴石这些半宝石为主的商贩，一般用粗犷的大塑料袋装货，一袋袋沉甸甸的。只要从买家眼中捕捉到一丝兴致，他们就立马把货往桌子上一摊，由着买家扒拉着挑三拣四。无论买家有多少挑剔，他们都会有很多完美的诠释。渴望成交的欲望像一团火苗在他们的眼睛里燃烧，由小到大、由弱到强。如果最终不能成交，你也不会发现火焰将息的寒意，因为下一个猎物又出现了。

兜售红、蓝宝石的商贩的表现则不太一样，冷冷的。他们在市场中兜兜转转，不经意地瞥一眼，探测和解读买家眼角流露的信息。若发现买家，买卖双方都不会明显流露太多的惊喜。他们只是静静地站在你面前，轻轻地打开包，一层又一层，最终露出一个香烟盒大小的铁盒，几颗或者十几颗红、蓝宝石淡然地躺着，完全不管寒酸的包装是否匹配它们不菲的身价。

第一颗被拿出来的不一定是最差的，但一定不是最好的。他们要根据买家看到宝石第一眼的反应来判断买家的经验、实力；从买家看宝石的步骤、方法、技巧、给底价的精准度中，衡量可以从中榨多少油水。而买家除了看宝石，也在考虑宝石之外的很多事：怎么打开第一局？怎么开启第二局？怎么维系买卖双方的兴趣？怎么探测卖家的底牌？猎人摆好诱饵挖好陷阱，怎么吃了诱饵全身而退？这里面运用了说不清的欲擒故纵、兵不厌诈、笑里藏刀、声东击西等等伎俩，而过程中往往不需要太多言语。两轮下来，或者会有很多人围观；或者，大家开始风凉水冷地熬时间。一场不间断来回反复的博弈，最好的结果不是输与赢，而是找到双方认为平衡的节点。这个市场看似很大，实际只攥在几个人的手里。在这个市场上，再狡猾的狐狸也干不过最笨的猎手，因为每次谈判，他们都是用几代人积累的经验在作战。

这里数代人的生命都是沿着珠宝而生，沿着珠宝而去。每天的日常就是来到市场，停好摩托车，背着挎包，开始在市场周边游走贩卖。他们的包出现在买家面前时，大多已是残旧不堪，不知经历几载风吹和日晒，不知有多少石头从包里进去又离开……

长年累月，每次心里记挂着工作的时候，我总是在凌晨三四点或者五六点就醒来。

七点……八点，第二天的太阳终于在期待中升起来了。我想一大早就去市场，忍不住叫醒睡在一旁的Ting Ting，她嘟囔着“还早”，又沉沉睡去。

1 交易市场的小孩
2 交易人背着挎包
3 我在交易市场摊位
4 现场交易的碎石

正式去市场，已经是上午十一点以后。Ting Ting带我去市场的时候，除了其他几位朝夕相伴的小姐妹，还带上了她妈妈，一位六十来岁土生土长的抹谷阿姨。阿姨第一次和我聊天的时候就轻描淡写地透露，这些石头，我们小时候经常当作玻璃珠玩。这是我听过最豪横的自我介绍。

因为来得早，Ting Ting带我们到一个人气很旺的位置。

一坐下来，整个市场的人近乎倾巢出动，层层叠叠把我们围得水泄不通。我敢说，昨天我们在市场上晃了一圈的事儿，整个市场的人已经收到了风。长久对外封闭的市场，太需要新面孔的刺激了。

立刻进入工作状态。市场上看石头，要有浪里淘沙的眼力见儿。大小、颜色、形状、光学效应……这些还都是标配版的参考要素，更难的是要同时处理涌上来的数以千计的石头，还有各种破碎的、难以判断晶体形态的原石矿标。这对我来说既是机会也是挑战，要在看上的第一眼准确地区分出石头的类别，肉眼鉴别出是不是优化处理过，而且对感兴趣的石头，要结合国际上其他产地、其他矿区给一个指导性出价，这个价格既不能给自己挖坑，又要让货主有足够的兴趣。出价的过程不能出错，因为不管是国内还是国外，珠宝行业都讲究“君子一言，驷马难追”的信用，且现场都是现金交易，每一句话的背后都意味着被打上了价格标签。对于市场上这些身经百战的老猎手来说，我的每一句话，也会成为他们设置下一个陷阱的依据。

对卖家来说，市场上出现了新面孔，他们家里祖祖辈辈的石头就可以拿出来重见天日了。而宝石的确有这个特性，不受年份限制，只要没有被外力破坏过，任何时候拿出来都是新的。所以第一天在抹谷市场，我不仅可以看到很多常规的宝石，还可以看到一些匪夷所思的存在。如果遇到没切割的原矿，要快速定位切割方向，计算切割出成率，评估切割后的效果。虽然买原石会便宜很多，但风险同时也会变大。

所有这些工作，我基本上是在裸眼鉴定状态下完成的，偶尔会借助简单的工具。不过按照经验，这种高强度的工作往往坚持不了太久，两个小时后头皮就开始发麻，耳朵嗡嗡作响。肉眼区分二三十种石头，有些石头可以做到外形、内含物、色调等参数完全无差异，比如某些石榴石和某些尖晶石。这不是件容易的事，而且还要揪住任何一个细枝末节讨价还价。一眼过后，90%以上的石头要被淘汰，不过淘汰时要给对方一个合理的解释，否则无缘无故地拒绝别人，并不利于在这个市场上打开局面。

下午一点多，市场热度开始下降。几个助理帮我清点战利品，我和几个印度人预约第二天继续看石头。这才是第一天，我并不想第一阵就昏了头，毕竟这是小练兵，真正的较量都还在后面。

抹谷矿区：钓鱼

第二天到市场，围观的人少了一半，有的人是知道了我没看起来那么好糊弄，有的人是明白了我的需求，第二天再带来的石头明显走心多了，比如蜚声中外珠宝界的缅甸抹谷鸽血红红宝石，缅甸抹谷皇家蓝蓝宝石。这些绿豆大小、黄豆大小、花生米大小的石头，被他们小心翼翼地捧出来，开始摊在桌面上谈。

不过他们给我的红、蓝宝石真是扎心啊！放眼看去，数量虽然上来了，质量却不堪入目：各种不规则扭曲切割的、各种矿坑残缺的、各种颜色不均的、各种包体的，甚至各种裂隙的……如果参照钻石的4C标准，一颗都入不了我的眼，尽管彩色宝石鉴定的执行标准是裸眼，就算是这样也很难达标。但只要是送过来的，我都克制着爱与痛的情绪，看得很仔细，因为我知道这几天在抹谷矿区，我可以看到最全面的样本。

虽然忍不住吐槽，但还是不得不承认缅甸红宝石的色调是如此的浓烈且明艳，蓝宝石明快且璀璨，这些纯正明亮的色调，兼具多层次的变幻，是其他矿区不能媲美的。世界上产红宝石的地方挺多，如缅甸、斯里兰卡、莫桑比克、越南、泰国等。最先被冠以“鸽血红”之名的红宝石就产自缅甸抹谷，抹谷红宝石以色调纯正、颜色浓郁、荧光效应等因素闻名于世，这个名不见经传的山谷也因此被推向了世界级的宝石舞台。相对于其他产地，目前最流行的是莫桑比克红宝石，因为产量的问题，莫桑比克红宝石成了抹谷红宝石的最佳替补。但是莫桑比克鸽血红中让业内人士最为不齿的是黑鸽子鸽血红，颜色太深，看上去黑乎乎的。这些擦边球的深红色鸽血红，严重地伤害了第一批消费者。同样，蓝宝石的产地也很多，以克什米尔的矢车菊蓝宝石最负盛名，不过随着其矿产资源的枯竭，缅甸蓝宝石以优异的品质脱颖而出，紧跟其后的是斯里兰卡蓝宝石，比较新兴的还有马达加斯加、西非等产地，这些产地的蓝宝石都已经在国际珠宝市场上大放异彩。

有时我也对缅甸这个地方感到迷惑不解：一个经济相对不发达的国家，居然同时拥有世界上最美丽的几类珠宝，鸽血红红宝石、皇家蓝或者矢车菊蓝宝石、绝地武士尖晶石、帝王级翡翠等。可能这就是所谓的上帝给这里的人们关上了一扇门，同时又打开了一扇窗。

矿区人民拿出来的贵重宝石都不怎么大，我表示理解，同时既要忍受石头的各种不完美，还要忍受矿区人民对这种堪称歪瓜裂枣石头的疯狂叫价。一旦开始买贵宝石，钱就花得嗖嗖的飞快。往往很厚一沓钱，换回来的不过是黄豆大小的一颗石头。不过我还是要仔细挑选，因为从长远来说，这些石头的意义非凡。我耐着性子和这些人打嘴仗。

到后面再来找我的人就更少了，这真是个有趣的市场，作为一个新面孔，我想放一条比较长的线钓鱼。没想到，我碰到的线比我放出去的还长。不过，第三天的石头质量明显比第二天的升级了一个梯度。第四天，花了三四个小时，我只买了一粒石头，整个市场上最漂亮也是最贵的，然后和小姐妹们在旁边的小商店喝咖啡，吃点心，等待有人拨动我的鱼钩。

不出所料，第五天一大早接到Ting Ting妈妈的电话，说今天不用去市场，让Ting Ting直接开摩托车带我去一个地方。

绕着山路，Ting Ting带我入了抹谷小镇。这是个安静、优雅的小镇。进入居民区，我发现这里居住的人并不少，然而几乎听不到什么嘈杂声，庭院都不大，大多数人家四周都种满了各色的花。有人顺着我们的摩托车声音探出头来看，脸上洋溢着自然、温和、淳朴的笑意。

摩托车拐进一个二层小楼的院子。楼房有些年代感，庭院的地面也用水泥铺过，时日已久，水泥变成了灰黑色，脱落的地方挤出来几簇生命力旺盛的植物，主人按着大自然的旨意，并未将这些植物拔去，已然成为别样景致。院子前有一个砖砌的花坛，种着几十株铁海棠。这是被修整过的铁海棠，旁逸斜出的枝丫全被裁去，只保留一条主干，主干努力伸向天空，大约一米来高，应该需要长很多年吧。主干上长满巨大的刺，让人敬而远之。铁海棠叶子稀疏，枝头上却密密麻麻挤满一簇一簇猩红色的花，这些花映着后面灰黑色的主体建筑，显得分外妖娆。

极简的庭院，灰黑色调的背景，绿的叶、红的花、巨大的刺，色彩之间形成了热情碰撞，每一种都以最醒目的形式存在。小院被打扫得纤尘不染，里面的人听到摩托车声，马上出来迎我们进去。大多数是女人的脸庞，男人也有几位，看样子今天是女性的沙场。

脱鞋进门，房间里的陈设和我们中式的不一样，房间分成两个区域，一侧是矮桌、矮凳，铺着厚厚的地毯，男人女人们坐在上面聊天；一侧铺着地砖，归置得空旷，像是活动区域。他们示意我直接上二楼。二楼靠窗布置了一个工作台，摆着简单的必备工具，助理及财务都已经就绪。

这天工作开始得比较早，矿主们排着队上楼，暂时轮不到的就坐在下面聊天。还有几位热情的女性，在一楼后院厨房里帮忙张罗。这样安定的工作环境，极有利于我全神贯注地推敲目标石头的细节。从坐下开始，我就进入了高强度的工作状态。

打破我工作状态的是从一楼飘上来的一阵一阵的香气，能让我丢下工作的事儿不多，美食算是一个。中午我在矿主家里吃到了异常丰富的一顿，大大小小的盘、碗、碟铺了满满一大桌，其中居然还有他们灌的腊肠，不知是不是思乡的缘故，感觉比以前吃的都美味，到现在都念念不忘。下午继续工作，虽然受到如此优渥的厚待，工作上还是要保持冷静，拿人手不短，吃人嘴不软。

至于第六天，我则可以和他们一边工作一边闲聊，到了饭点儿，还可以在一片祥和的氛围中按照第五天的菜谱点菜，特意给自己加了煎腊肠。看似我被很宠爱地对待，其实深层次的原因是我给他们带来了更大的价值交换。

我一直很感谢Ting Ting母亲为我提供的如此安稳、便捷的工作环境，在矿区比较艰苦的条件下，这尤为重要！

抹谷矿区：中标

工作之余，Ting Ting会开摩托车带我四处逛逛，有时候会去原矿交易市场。市场上人不多，走来走去也都是空着手，偶尔碰到感兴趣的人，就从怀里摸出来个白纸包，几个人围上来，打着手电筒，或者对着太阳光研究老半天，讨价还价之后，纸包又往怀里一揣，各自走开。珠宝市场上的人，都像终日里无所事事的社会闲散人员。

这天Ting Ting接到一个电话，手一挥，我俩又开着摩托车风一样地出门去。

在小镇的另一边，傲然矗立着一栋三层纯木结构的小洋楼，单从外观上看，这栋造型清奇的小楼放在阿尔卑斯山下都是豪宅。我们被大门口的保安领进大厅，里面坐着一圈儿各种肤色的老板，看肤色和听语音大概有印度人、巴基斯坦人、阿富汗人、泰国人、华裔、越南人等，他们分成几个小群体正在用小语种叽里呱啦地聊天。看我和Ting Ting进来，他们停止了聊天。矿主示意大家一起到楼上，看来是在等我们最后入场，环顾四周，就Ting Ting和我两位女性。

三楼看摆设是一个小型拍卖场，靠北面墙壁是两扇巨大的落地窗。工作台摆在落地窗中间，两侧光线照射过来，光照条件得天独厚。工作台布置极其简单，几个白色的看货盘，每个盘子中间都放着几十颗石榴籽一样的东西，后面是一排腰鼓形状的罐子。

欣赏自然光照射下的“石榴籽”，我不由自主地吞了吞口水。尖晶石作为红、蓝宝石的伴生矿，两者的颜色、硬度、比重、折射率都非常接近。在抹谷矿区，我见到了大量的、各色的尖晶石，价格比彩色蓝宝石便宜很多，和来缅甸之前预估的出入不大，尖晶石的价格仅仅处在起步阶段，未来在市场上会大有可为。然而面前的这几个盘子中的尖晶石，和在市场上看到的并不一样，颜色有很强的霓虹感，晶体都是全明亮型，没有暗区，端一盘在光线直射下欣赏，石头受紫外线的影响，颜色越发鲜艳明亮，而且这么大、这么完整，备注出成率这么高！虽然是第一次参与，但我知道这个拍卖会一定非比寻常，看来前几天我在市场上钓鱼的名声已经传出去了！

此行的目标就在眼前。我克制着情绪，看了看四周嘀嘀咕咕的竞标者，他们有的已经开始往腰鼓形小罐子里出价。我问Ting Ting该怎么做，“你喜欢哪个，出价就好了。”Ting Ting的话等于没说。我其实想问她当地竞标会有什么套路，很显然她也不清楚这里面的手法或者她并不想说。

偷窥一眼周围其他几个小组写的价，我暗自盘算自己能出的价格，

拍卖工作台

绝地武士尖晶石

矿主看我犹豫不定，让帅气逼人的助理给我一份近期拍卖成交的价格表作为参考。换算完会，盘算完自己还剩下多少钱，我准备厚着脸皮放手一搏。

把价格表往旁边一扔，根据自己评估的心理价位，把目标锁定在最大的两份石头上。因为这两份石头预估价最贵，所以对其投标的人最少。按当地的人均收入水平，这个出价需要绝对的实力。按照我在珠宝市场的实操经验，任何一个环节的珠宝买卖，最优质的永远受最多人追捧。盘算一下酒店留下的全部现金，不够，于是我打算让Ting Ting妈妈用她当地人的信用做担保，等到了国内再付钱，当然，这里面也藏着我一个不可告人的小心思。想再多考虑一会儿也没时间了，把填好的价目表投到小罐子里，不用走开，工作人员端上杯咖啡，几分钟后等别人也投标完成，马上现场开标。

我一边幻想着自己中标的欢喜，因为这么大颗粒的绝地武士尖晶石非常罕见；一边对自己中标充满了恐惧，因为我不仅把酒店里剩下的钱全部压了进来，回国后还要再支付很大一笔钱。而这笔大额的交易，是我第一次凭勇气参与，对这批石头的未来一无所知。虽然这是我竭尽所能出的最高价，但是距离矿主给的参考价还有很长一段距离，我担心以后很长的一段时间里，我的出价在当地都会成为一个笑柄……

开标，我压的最大的两份，全中！旁边的各色人种都用嫉妒的眼神望着我，我则全身心地沉浸在巨大的喜悦中！因为缺乏竞争对手，我的成交价甚至比下面一份小的还低！Ting Ting打电话给妈妈，告诉她这个让人意外的好消息。

接收成品在三天之后，与此同时我也背负了一身新债务。

抹谷矿区：博物馆

签收尖晶石的当晚，我邀请矿区朋友们一起晚宴，地点定在我入住的酒店大堂，这是当地的五星级酒店。

刚一坐下，一桌小伙伴指着隔壁桌的首席对我眉来眼去。我意外地发现：就算是同一类人种，在不同的生活环境和精神状态下，居然也可以分化出巨大的差异。比如端坐在首席上的这位，身形壮硕，满面红光，声若洪钟，隔很远都能感受到他的气场辐射过来的震慑力。

每一位小伙伴都急于把他们知道的细节分享给我，诸如他是整个抹谷矿区的首富，是这里最早卖宝石到国外的掮客；是这里最大的矿主，抹谷所有最好的珍宝都在他手里；我们脚下的这家酒店就是他的，另一家五星级酒店也是他的；他的产业不仅垄断了这里的珠宝开采，还涵盖了缅北地区的林业……各路不同信息，一股脑地往我耳朵眼儿里钻。席间，我收到了更多关于隔壁桌首席的传说，比如世界级红宝石拍卖排行榜前十的作品，一半都出自他手。

整个晚上，我都在惶恐地数每个人报过来的“0”。因为每位朋友给我描述的数字都是难以置信的庞大，就算是把缅币兑换成人民币，再兑换成美元，这些红宝石的价格一样超出我的想象力。最后，我只能以自己耳朵出了问题，用计算器反复核准，一样为他们每次按出来的“0”而诧异。

宾主相谈尽欢，不知道进行到哪个环节忽然有了互动，两张桌子之间开始推杯换盏。借着酒力发酵，大厅的气氛越发高涨。突然一位很清秀的男士过来打招呼：“我们老板邀请您明天去他的博物馆。”坐我隔壁的小姐妹马上很雀跃地帮我应承下来。旁边的几个也纷纷表示要一起同行，很显然，这对当地人来说也是难得的机会。被她们的情绪感染，我对明天的安排充满期待。

散了晚宴，Ting Ting告诉我明天尽管睡到自然醒，因为老板的博物馆就开在酒店门口。

次日清晨，Ting Ting带我向酒店门口走去，在酒店大门一侧，一片郁郁葱葱的植物环绕着一栋四层高的木质小楼，从外观看与其他建筑并无异样。刚好几个骑摩托车的小伙伴也到了，我们一起进去。

一楼正对门口的是一对两米多高的天然紫晶洞，晶簇标准，色泽艳丽，晶洞完整，举起手够不着晶洞的顶部。环顾四周，整层楼面积两三百平方米，中间安置了一个接待前台，周边按照“井”字形的设置，整整齐齐摆的全是矿物标本。一排排地看过去，粉白色基岩上密密麻麻结满了红宝石颗粒，虽然没有达到宝石级，但是颜色纯正如血，每一粒都鲜艳欲滴，像咧开嘴的红石榴；还有红宝石伴生矿尖晶石的标本，看颜色和红宝石很接近，但是晶体迥异，一看就知道是不同的矿物类型；还有祖母绿矿物标本、树化玉、孔雀石、黄铜矿；还有完美得不可思议的电气石晶体……我们沉浸在大自然的恩赐中，如痴如醉，直到服务生催促我们上楼。

走出二楼电梯，打开的又是完全不同的另一个世界。各种不同地域、不同风俗的珠宝首饰被陈设在玻璃展柜中：缅甸本土的、日韩的、中式明清的、印泰风格的、中东地区的、中亚地区的……透过每一件珠宝首饰，都依稀可以看到这些珍贵珠宝穿越过的历史、承载着的文化、传承着的荣耀。我身边的朋友们也对这些珠宝首饰赞不绝口，虽然他们天天和石头打交道，但是石头和首饰之间，和不同的文化之间，还隔着无法跨越的鸿沟。我们在二楼留恋赞叹，服务生说老板在三楼等我们。

推开三楼的门，眼前是被金主宰的欧式装修，奢华精致得让我们不忍踏入。昨天见过的老板笑眯眯地在办公台后吞云吐雾。另一扇大落地窗下摆着张工作台，几位帅气的小哥在埋头工作，面前是一堆堆小山一样的宝石，殷红如血。服务生带我们进来，老板熄了烟，招呼我们在办公室吧台旁边坐下，我们一群人围了过去。

“来抹谷不容易吧？”

“是，因为要另外准备矿区通行证。”

“来多久了？”

“十来天。”

“一个人？”

“这不是身边一群嘛。”我笑，他也笑，身边的朋友们也笑，气氛一下变得更活跃。

“敢一个人来抹谷，还是这么年轻的女孩子，真勇敢！”顿了一下，他接着说，“听说我们抹谷最近一批最好的尖晶石你买了，眼光不错。”没等我回答，他就下了结论。在这个封闭的山坳，事情发生和信息传播是同时进行的。

“你为什么敢花这么高价钱买尖晶石？”他单刀直入地进一步追问。

虽然我是以相对低的价格入手了当地最优质的尖晶石，但相对于市面上普通尖晶石的价格，我还是出了天价，毕竟那时候同类的、其他颜色的尖晶石只需要几百块钱，而我出了几十倍的价格。

“来之前，我仔细地研究过尖晶石家族和刚玉家族，从颜色、硬度、韧性、地矿条件、稀缺性、处理手法、价格差等各方面都研究过。尖晶石是眼下最优秀的珠宝投资品，没有之一。”直接、坦诚，算聪明人之间聊天的一个特征。

“小女子有眼光、有魄力，够专业！和当年的我一样聪明。”老板的最后一句，又引得在座的各位哈哈大笑。同样没等我们插话，他继续说：“我以前也是这样，从20世纪八十年代开始往外走，一个人带着抹谷最大的宝石去泰国交易。没有飞机，大象、拖拉机、船、汽车，什么都坐过。每次出去都像是渡劫，只为了把我们抹谷最好的宝石推向世界。”说完他又是一阵爽朗的笑，我们也跟着一起大笑。

我忽然明白了他为什么请我们一群人来他的博物馆。他遇到了一个和曾经的他一样勇敢且孤独的行者：在别人都还不敢尝试的阶段，迈出了第一步，在完全陌生的地方打开了相对还陌生的商业模式，并且敢押下全部身家。每一个决定，都是勇士的行为。

老板在姐妹们叽叽喳喳的推波助澜中，打开了办公室一角巨大的保险柜。先托出来的是一盘普通宝石，单颗过百克拉的紫水晶、月光石、卢比来。比鸡蛋还大的紫水晶，配合完美的德式切割，石头的每个角度都散发着明艳、高贵、纯正的紫色。我见过千千万万的紫水晶，但都不及眼前的这一颗漂亮。我又一次重新定义了对半宝石的审美，这些矿区里最寻常的石头，被后天切割工艺加持之后，散发出无与伦比的魅力。果真什么东西到了极致，普通也变得不凡。

第二盘、第三盘……每一盘新石头被拿出来都引得一片惊呼：不同类别、不同颜色、不同琢型、不同大小，对美丽的认知和对珠宝价值的评估被不停地刷新和重新定义。在老板的认知里，珠宝没有普通与高级之分，有的只是狭隘的认知和固有的偏见。

最后被老板揽在怀里的是一个方方正正的盒子，还上着锁。老板拿块布反复擦拭盒子上的灰尘，明明盒面已是纤尘不染，光可鉴人。姐妹们终于停止了对其他石头叽叽喳喳的评头论足，把注意力集中在老板怀里的这个盒子上。

老板不说话，又停顿了很久，等大家都安静下来。在众目睽睽之下，他揭开了怀抱中盒子的面纱：映入眼帘的是摆得整整齐齐的二十颗蓝宝石，纯正如天空，深邃似海洋，有的璀璨如玻璃，有的优雅如绸缎，小的目测二三十克拉，大的明显过百克拉……此盘一出，在场的每一位都屏住了呼吸。

如果说刚才的那些石头还敢摸一下、碰一下，拿在手里赏玩研究一番，现在盘子里这些石头，没有人敢动一个手指头。我们这帮小姐妹开始此起彼伏地吞口水，再看老板，依然一副笑眯眯不以为意的样子。他把盒子放在桌子上，我们就围着桌子盯着盒子，一句话也说不出。

过了几分钟，老板示意我们往后靠一点。轻轻抬手，盒子下面又是一层！整整齐齐，是二十颗红宝石：色如鲜血，烈似焰火，都有拇指般大小。我们这些围观者还没有从上一波蓝宝石中惊醒，又在新一轮红宝石中沦陷。老板示意我们再退后几步，轻轻把红宝石盘子挪开，又是一盘整整齐齐的浑圆绿珠子和蛋面。有的清新如阳春三月，有的浓烈如盛夏三伏。不管哪一种色调，在种水、荧光的烘托下，都散发出抑制不住的勃勃生机。红、蓝、绿，满满三盘稀世之宝，就这么毫无保留地展现在我们眼前。以我浅薄的经验，估量这里面一半石头若是拿出来面世，都可以刷新国际贵重珠宝拍卖排行榜。

这时候，旁边一位助理又搬过来厚厚的几个文件夹。不用打开，这些都是国际知名实验室开出的证书。不同的证书，像骑士历经过不同的战役，大获全胜之后，获得一枚枚骄傲的勋章，向世人讲述自己不凡的过往。在世界其他地方老板的书架上看到的可能是书籍，抹谷矿区首席矿主书架上沉淀下的都是宝石的历史荣誉，证书塞满庞大的书架。

“我一颗也买不起。”

“我知道，”老板笑着回言，“我相信你早晚买得起。而且看过真正的珠宝，你以后选珠宝就不会再走弯路。我也是沉淀了半辈子，才积攒这么点儿细软。”老板轻描淡写的“细软”一出，引得哄堂大笑，气氛又重新变得活泼起来。

“可以送你一颗。”此言一出，所有人的目光都聚焦在我身上。我自己也觉得脑袋是被雷劈了，嗡嗡作响。老板这会儿开始把红、蓝、绿三盘石头往盒子里装，放平、盖好、上锁，然后指着桌子上最开始欣赏的各类半宝石说：“从这里面挑。”

就是这样的礼物，也足以让我惶恐半日。最终我还是从里面选了一颗最小的碧玺珠子，一半玫红，一半浅碧，典型的西瓜碧玺。如果只是这样看，并不见得蹊跷，妙就妙在它是西瓜碧玺的同时，还是一颗猫眼碧玺。顺着色带方向，密密麻麻的、均匀的、纤细的、致密的包裹体让这枚珠子产生了强烈的猫眼效应，在桌子上轻轻一推，就像是一幅晃动的天然彩色锦缎。取材已是罕见，加工更是精准到了极致。

不知不觉，博物馆之行已经到了尾声，老板缓步送我们下楼，带我们再次走过二楼的珠宝首饰间、一楼的矿物标本间，亲自向我们讲述不同文化风格的珠宝首饰差异、不同地域的矿物差异。在一楼门口，他说出了让我沉思许久的一段话："虽然我走遍世界，拥有抹谷乃至全世界最昂贵的珠宝，但是作为土生土长的抹谷人，最终还是选择留在家乡。在世界舞台上，珠宝是装饰人类的附属品；在抹谷，面对大自然无穷无尽的馈赠，才真正让我感受到人类的渺小。在这里，我可以安静下来，成为抹谷的附属品。"

归途：离开缅甸

安排好石头后续的交接工作，订好车，我和Ting Ting就要返回瑞丽。出发时间定在九点，这件事儿就发生在临出发前几分钟。

就在我们从酒店大堂出来往车上走的这短短一段距离，呼啦啦围过来几位年轻人，没想到一帮卖货的缅甸人起得这么早，时间算得这么准，地点赶得这么巧。要说不是有备而来我也不信，只是当时并没多想。

毫不迂回，年轻人直接打开手包，拆开洁白的小纸包，里面裹着一堆堆精美绝伦的彩色宝石。红宝石、蓝宝石、尖晶石，看来他们对我的偏好已经做足了功课。漂亮宝石的诱惑不言而喻，然而诱惑最大的还是他们开出的条件。每一款石头的报价都比正常市场价格低20%左右。不得不说，这款量身定制的诱饵很诱人，如果说不动心肯定是假的，判断力被利益蒙蔽的瞬间，我麻痹性地选择相信“这一刻就是运气降临”。

坐在车里，我认真评估每一颗石头，回程前的最后一单，我和Ting Ting都不想节外生枝。这批石头除了漂亮、性价比好，还存在一个问题，每一颗石头都切割得刚刚好。第一颗、第二颗……第N颗，每一颗石头都恰到好处地呈现宝石的完美，同时也在适当的位置点缀上各种天然珠宝必需的瑕疵，比如包体、愈合裂隙、发丝状的金红石针、天然石头的二色性、刚好保留在腰棱处的矿坑……细思极恐，越看越觉得这些巧合都像是被精心设计好的，因为恰到好处对贵重宝石而言本身就是漏洞。最终我在一颗石头中抓到了一缕很轻微但是很清晰的油膜效应，窥一斑而知全豹，明确证明这颗石头被泡油处理过，侧面说明了这批石头不能入手。

很礼貌地把纸包还给他们，我和Ting Ting准备启程。但还是有执着的小伙子不停地把石头递过来，我们在婉拒中缓缓启程，不料却被最后递上来的一大包尖晶石打动了。迎着初升的朝霞，每一颗石头的颜色愈发明亮，色调殷红如血，完美地诠释了缅甸鸽血红红宝石的魅力。关键是大，规格从五克拉到十几克拉，而且和裂理充分的缅甸红宝石不同，这些尖晶石尤其干净，这包石头的切割技艺也是抹谷矿区最高水准的，每颗都是大台面。

急于求成的小伙子，报的价格并不高。反复检查几次，看不出任何问题。面对极具诱惑力的价格，我付钱了。这是在缅甸成交的最后一批石头。

回程，还是同样的路，一样的悬崖峭壁，一样会看到荷枪实弹的哨岗，但心情不一样了，再险峻的风景也变得轻松。直到第二天下午，大约还有两小时到达中缅瑞丽口岸，我们被缅甸警察拦下来，前面也有几辆车被拦停。核对护照、特别通行证，打开后备箱、私人背包……训练有素的工作人员对人和车都进行地毯式搜查。我们前面几辆车或多或少都有问题，在我们车上却一无所获，警察不死心地进行了第二次搜索，露出狐疑的眼神对我们进行各种刁钻的提问，还是一无所获。我看着前面的车主从背包里直接查出来半包镶嵌着铜托的翡翠戒指或者项链，另外还有些人民币及美元。证据确凿、语言不通，三个中国男人在警察的盘问下呆若木鸡。警察让Ting Ting和我过去做翻译：要么扣人，要么扣货。

三个男人拼命让我去和几个警察交涉，他们示意我直接把桌面上的一沓美元（没拆封条，目测一万美元）给警察，以求放行。一万美元，对当时的缅甸人来说是个天文数字，以我侧面了解的抹谷人均收入水平，普遍月收入几百元。然而警察根本不为所动，最终从这批货里面选择了最大最漂亮的一颗宝石作为筹码，放人离境。我不由得感慨，前面这辆车的缅甸之行怕是凶多吉少。

缅甸之行，就这样画上了句号。

回国后的第一件事就是把最后收的一批尖晶石送去检测，果然有幺蛾子，里面混着几颗石榴石。从价格来说，顶级尖晶石价格以万元为单位，顶级镁铝石榴石价格不过几十元，当初引诱我埋单的价格差，其实就是缅甸人算好的石榴石差价，果真每一步都是设计好的。

因为国际贸易要离境往来比较麻烦，而且在珠宝行业，除非是长期合作的信誉商家，否则基本上很难找回头，我也只能当作是买个教训，作罢。

很多人说我勇敢，其实我一直强调，所谓的勇敢不过是年少无知尚且不了解世事险恶的冲动。后来我又去过几次缅甸，再后来缅北一直战火不断。虽然经常有伙伴邀约前往，但我还是选择了陪伴家人，每个年龄段，都有对自己来说更重要的事儿。

“书鹏谈珠宝”

被低估也被高估的尖晶石

对珠宝爱好者来说，尖晶石是大家所熟悉、所热衷并非常喜爱的一种宝石，但其实它是近十几年才在珠宝界声名鹊起。在此之前，尖晶石虽然有获得过一些高光时刻——比如有两粒举世闻名的尖晶石分别被镶嵌在英国王室的皇冠和俄国王室的皇冠之上，但几个世纪以来一直被误认为是红宝石而受世人膜拜。除此之外，大多数时间尖晶石在珠宝界都籍籍无名，不被世人所关注。

这种极大的反差，说明尖晶石既有自己显著的优势，也有不被珠宝界所深入了解的一面，所以才会在珠宝市场引起前后这么大的反差。

尖晶石和红（蓝）宝石是伴生矿，几乎在所有的红（蓝）宝石的原生矿和次生矿中都可以见到尖晶石，这说明二者生长的地质条件极为类似。不仅如此，它们在物理属性上，比重、硬度、折射率、色系都非常接近，不同的是结晶体形态不一样，二色性不同。但是在珠宝历史上很长一段时间，并没有宝石学家严格地把两者从细微的差异中区分出来，甚至将它们混为一谈。

尖晶石家族和刚玉家族两类石头，如果不借助仪器，在完成切割和抛光的情况下，肉眼很难区分。在刚玉家族中，最容易与尖晶石相混淆的有红、粉红、蓝绿以及橙色调的宝石。比如彩色尖晶石和彩色蓝宝石，因为二者颜色都丰富多彩，光泽接近、亮度接近、色彩接近，具有很强的迷惑性，需要借助光学仪器二色镜做简单区分。另一个比较难区分的就是大红尖晶石和镁铝榴石，两者都是大红色调，都是等轴晶系，不存在二色性，硬度接近，亮度和光泽接近，单纯靠肉眼也比较难区分，但在实验室可以用折射仪把二者区别开来。事实上，有经验的矿区工匠可以从以下几点做出区分：比如红宝石的结晶体是腰鼓状，尖晶石的结晶体是八面体；红宝石普遍结晶体都比较小，大于10克拉的比较少，而尖晶石可以出现几十克拉甚至上百克拉的矿石；二者晶体上的纹理也全然不同……只是当时的工匠认为二者颜色都很接近，处在同样的开采条件下，没意识到要深度细分。

除此之外，二十年前尖晶石在国际珠宝市场上的交易热度和交易价格并不高，远远比不上自己的近亲红蓝宝石，商业价值一直被低估，处在价格洼地。我也是因为看准了这一点，才成为国内最早、最大规模做尖晶石的珠宝商。这里面的核心因素当然是因为尖晶石不可复制的稀缺性、美感和跟红蓝宝石非常接近的物理属性。它本身具备的明亮的、艳丽的、丰富的色泽等优点，一旦被消费者捕捉到，马上就会被大肆追捧。至此，尖晶石在国内才呈现一发不可收的发展势头，短短几年，价格便已膨胀很多倍。

其中风头最盛、最为知名的是来自缅甸抹谷的曼辛和缅甸克钦邦的纳米亚矿区，以及坦桑尼亚的马亨盖矿区所产的绝地武士尖晶石。因其明亮的颜色和绚烂的烟花感，超强荧光造成强烈的霓虹观感，带给人视觉上强大的冲击，有时还会出现10克拉以上的颗粒。绝地武士尖晶石的商业价值被急剧放大，价格一路飙升，很快就追上甚至超越了目前红宝石当中最贵的鸽血红。

十几年时间，绝地武士尖晶石完成了从籍籍无名到风头无二的逆袭之路，成为珠宝界最大的黑马。但是，所有的美和价值都需要历经时间和商业的洗涤及淘汰。尖晶石虽然亮度高、硬度高，但也存在脆性高、韧性低的弱点。

据目前真实的尖晶石市场反馈，除了绝地武士尖晶石这个品类值得被推崇，其他大多数的尖晶石价值并不值得去鼓吹，而且绝地武士尖晶石的价格上限，也只能锁定在鸽血红红宝石的80%左右。因为尖晶石在珠宝界的排位上，仅占据半宝石靠上的位置，鉴于硬度和韧性的硬伤，使其不可能挤进贵宝石的圈子。

尖晶石值得被热爱，但是需要有甄选地区别对待。希望它尽早回归到合理的商业定位，限定价格上限。

缅甸，一片神奇的土地

从珠宝产地的角度看缅甸，这是一片神奇的土地，几乎是拥有宝石矿物资源最丰富的国家。对珠宝爱好者或者从业者来说，拥有和佩戴来自缅甸的宝石是很多人梦寐以求的乐事，也有很多人被产地这个要素裹挟，为此付出了高额的代价。因为在国际市场上有个不成文的惯例，只要是缅甸出产的宝石，就比其他产地的同类宝石价格昂贵。

四大名贵宝石——钻石、红宝石、蓝宝石、祖母绿，其中有两样在这里都有产出：世界上最高品质的鸽血红红宝石和名贵的蓝宝石。国际上最早定名鸽血红红宝石采用的就是缅甸红宝石。缅甸出产的绝地武士尖晶石同样举世闻名，比如前面提到过的英国王室的皇冠上就有一颗硕大的缅甸尖晶石。除此之外，这里还出产橄榄石、月光石、水晶、碧玺、海蓝宝等。

除了宝石，缅甸还出产备受中国人喜爱的翡翠。在缅甸北部的密支那矿区，像玻璃一样的翡翠和媲美祖母绿的帝王翡翠都让人爱不释手。在国际舞台上，满色帝王翡翠的价格已经追平祖母绿，有的甚至更高。有些大件翡翠作品的价格也远远超过其他名贵宝石。

和国际上其他矿区不同的是，缅甸政府一直采取有序、保守、可持续的开采策略，对进出抹谷矿区的外国人实行严格管控。所有进入矿区的人，除了办理正常的签证外，还需要办理矿区通行证。进入矿区的外国人仅限在矿区外面的市场上交易，不可以深入开采区域。从2015年至今，因为多种原因，缅甸不允许外国人进入矿区，交易规模被进一步收紧。

从事珠宝行业20年，分享一下我对产地的看法：产地对宝石来说，在不同的历史时期，对区分不同区域的地质条件，有一定的参考意义。在商业领域上，我们考核珠宝品质的要素更多重，产地是一个参考条件，但不建议作为一个重要条件，尤其不建议为产地因素支付两倍甚至三倍的溢价。对于大多数消费者来说，我们更多的是考虑佩戴效果和视觉美的范畴，片面地追求产地，会陷入其他误区。比如缅甸的宝石普遍存在净度比较差、切割比较差的问题。单纯为了追求产地而弱化考量其他更为重要的因素，我认为这是非常不理智的。

同样的原则也适用于筛选祖母绿。目前国际市场上最知名的祖母绿产地是哥伦比亚，它的美丽和稀缺性让价格一路飙升，把其他产地的祖母绿远远甩在后面。但实际上，祖母绿的产地非常多，印度、津巴布韦、赞比亚、巴西、俄罗斯、巴基斯坦和阿富汗等，每一个国家的矿区都有自己的优秀代表。所以我建议大家在选择珠宝时要逐渐放弃对产地的执念，回归到以美为导向的选择标准。

三大著名珠宝实验室

瑞士有三家著名的珠宝鉴定实验室，常年为全世界最顶尖的拍卖公司提供权威的商业鉴定服务，并出具证书，这三家实验室为Gübelin、SSEF和GRS。据我了解，这三份证书的适用范围不太一样，相对而言，GRS出具的证书的商业化更明显，在消费级宝石里面出现得更多。而SSEF和Gübelin则是收藏级别里非常权威的。假如是购买投资收藏类的珠宝，特别是希望日后能进入拍卖公司运作的，购买SSEF或者Gübelin出具证书的宝石还是有必要的（如果能同时具备两证或者三证那就更金贵了）。但作为一般消费者，我不建议迷信证书。很多时候专业的珠宝商也不完全参考鉴定证书，而是以艺术审美为准，觉得好看、漂亮的就可以大胆买入。其实，就这个问题我也和很多国内外资深同行讨论过，成熟的观念普遍认为珠宝的选择应该以“美”为导向。证书参数只是一个高货宝石的基本条件，是珠宝商销售的辅助手段，具体还要看石头本身的特质，特别是彩色宝石，“差之毫厘，谬以千里”。

一、瑞士古柏林宝石实验室

Gübelin Gemmological Laboratory，简称Gübelin。

Gübelin成立于1923年，是目前世界上最著名的珠宝鉴定实验室之一，对产地的考证最为讲究，如果该宝石的产地对确定其价值意义重大的话，Gübelin是最为推荐的实验室。通常佳士得和苏富比对其拍卖会上的重要宝石均要求出具Gübelin的宝石鉴定证书。

对宝石的处理方式及处理级别的介绍在Treatment这一项中，采用简单易懂的文字描述。

二、瑞士宝石学院

Swiss Gemmological Institute，简称SSEF。

SSEF成立于1974年，是一家非营利性的独立科学研究机构，隶属于瑞士珠宝研究基金会。其服务范围包括贵重宝石的品种及产地鉴定、天然及养殖珍珠的鉴别，以及与珠宝类相关的专业事务咨询。注意，SSEF只对天然宝石出具鉴定证书，任何合成及仿制材料都得不到SSEF的评价，所以如果持有SSEF出具的证书，那么宝石的真实性是可以保证的。

是否经过处理以及处理方式，会在Comments这一项中进行详细描述。

三、瑞士宝石研究鉴定所

GemResearch SwisslabAG，简称GRS。

GRS成立于1996年，由Dr.A.Peretti所创立，所出具的证书的特色是可以指出红宝石、蓝宝石、祖母绿和其他宝石的产地和优化处理情况，在亚太地区享有很高的鉴定声誉。目前，中国宝石市场接触最多的就是GRS出具的证书。

查看证书时，留意Comment这一项，会用简单的字母表示处理方式及级别。

那么，一本证书应该看哪些内容呢？一般有色宝石鉴定证书会包含（不限于）如下内容：

（1）宝石的品种。

（2）重量、切工、尺寸、颜色。

（3）鉴定结论。

（4）宝石的展示照片。

（5）鉴定结论，其中包括宝石的特殊光学效应（如星光效应、变色效应等）、宝石的产地（有些实验室需额外申请）及宝石是否经过处理、经过何种处理及其处理程度。

（6）实验室鉴定运用的仪器和检测手法。

注意，有些实验室还会备注“鉴定结果仅限送检时的数据，不对检测后发生的新变化负责”。典型例子如祖母绿的泡油，如果检测结果是微油，那仅是针对送检时的鉴定结论，若之后含油量发生了新的变化，实验室并不对其负责。

·第六章·

在路上

也许我要的太多　背起行囊又是下一个日落
旅程孤独而坚定　我边走边等
等一次突如其来的欢喜　等一些无法预设的美丽
任它道阻且长　张机设阱
我定披荆斩棘　抵达信仰的家园

特别的蓝宝石

Edison家族信仰伊斯兰教，但他在英国留学多年，又在欧洲工作十几年，一家人都比较开放，不算是严格教义的穆斯林。他在斯里兰卡负责我的安全，有时候兼职司机。

某天他带我去拜访的南部最大的珠宝家族，就是一个穆斯林家庭。家族式经营是穆斯林珠宝商们的一大优势。

我在车上闭目养神，睁开眼时车已开入一个院子，主体建筑是一栋古朴的圆顶建筑，周围的草坪像一卷厚重的大毡毯，庭院内热带植物生机勃勃，每片叶子都在光照下闪闪发光。这个满眼异域风情的庭院让我惊喜不已，一路风尘之苦一扫而光。下车时Edison告诉我这是穆斯林家庭，我马上把态度摆端正，又整理一遍衣服，毕竟穆斯林家庭有很多规矩。在此之前，我对穆斯林所有的了解仅来自两本书——《我不要你死于一事无成》和《灿烂千阳》。

眼前这个庭院气质如此与众不同，按捺不住兴奋，我拿起手机稍稍取景。从房间走出的两位英俊青年高鼻深目，骨相比例极佳，皮肤是健康的小麦色。面对陌生人，他们表现得很绅士，友好地等我拍完照再引领我走进建筑内部。大门是伊斯兰建筑风格的拱形门，墙壁和地毯上是重复的几何图案组成的精美花纹。绕过会客厅，他们直接带我去餐厅。一旁的Edison悄悄跟上来提醒："等下你要多吃点哦，人家这桌子菜是专门为你准备的，可别这也不吃那也不吃地挑剔！"看着他一脸认真的样子，我倒感觉自己应该是传说中尊贵的客人了。

在客厅端茶倒水布置桌面的是刚才那两位英俊青年，还没等我发问，Edison就解释："妈妈在厨房，妹妹也在厨房。"看来是在一起待久了，他知道我会对别人的家庭构成好奇，为了避免我对主人有冒犯性的提问，先堵住我的嘴。

果然，透过厨房门口的纱帘，依稀看到厨房中忙碌的母女。面条、炒空心菜，小兄弟俩不停地把饭菜端上桌子，却绝口不提妈妈和妹妹。该开饭了，我不敢贸然邀请妈妈和妹妹入席，只是先把所有的菜都夸一遍，然后再试探着问能否和大厨见面。小哥连忙点头说："吃完饭就带你见妈妈和妹妹。"自始至终，妈妈和妹妹都没有迈过厨房的那层纱帘。

吃完饭，小哥陪我一起去厨房见妈妈。我瞬间记起看过的一句话："没有男性陪同，穆斯林女性不可以见外人。"我之前以为在外面才这样，没想到在家里也一样。和妈妈礼节性地拥抱问好，其他并无太多交流。最后我们合拍了一张照片，镜头下她的脸宛若雕像一样沉静。

在厨房并没有看到妹妹，小哥去另外的房间，请出一位漂亮女孩。妹妹眉目之间荡漾着喜悦和热情，然而对于每一个闲聊的问题，她都带着欲言又止的忐忑，眼神在身边两个哥哥脸上飘忽，似乎是在试探或者征求意见，因此聊天断断续续很不顺畅。我试着邀请妹妹一起拍照，这次妹妹倒没有征求哥哥们的意见，很直接地拒绝了。两位哥哥到底是见过世面，连忙说："没关系的，拍吧拍吧。"然后留我们在房间，退到门外。

妹妹问我："你会发照片到Facebook上吗？"

我告诉她中国没有这玩意，她像吃了颗强力定心丸，瞬间变得活泼开朗，开怀大笑。原本在室内没有戴头巾的妹妹特意在衣柜里选了条桃红色的盖头，大大方方和我一起拍照，摆出各种最流行的姿势。原来在美与流行面前，年轻人都没什么抵抗力。

英俊青年引我们到工作区，下午开始工作。开放式工作台让我可以一边工作一边欣赏满园美景，同时和两位青年展开中年妇女聊天的常见套路——

工作区

“多少岁啊？有没有女朋友呀？”

“可以自由恋爱吗？打算什么年龄结婚？”

一番追问中，我了解到一直鞍前马后服务大家的两位小伙子分别二十岁和二十二岁，单身。聊到谈恋爱的事情时，他们纷纷表示需要听父母的意见，到了二十五至三十岁之时，爸妈选好了对象就安排结婚，无法自由恋爱。我猜测大概还是以父亲的意见为主，因为除了厨房，我并没有看出来妈妈在生活的其他层面有多少参与度。

很快收到消息的货主们陆陆续续都来了，门外摩托车声不绝于耳，前后到访者超过百位，每位来访者都怀揣各种奇珍异宝。在许多品种中，我遇到了两种特别的蓝宝石。

第一种是两颗有加热过的蓝宝石。红、蓝宝石加热，就是在特定温压下，改变宝石的颜色和净度，加热后使各方面参数变得更好，易于销售。这在行内是挺常见的，甚至90%以上的红、蓝宝石都有加热过。对此，国内和国外的机构有不同态度，国外的会在证书层面对有没有加热的情况做区分，国内的则不做区分。同时，国外的销售会告知客户实际情况，国内的则视同无差异。国内对待是否加热红、蓝宝石的态度是珠宝行业的一个重大漏洞，因为两者价格差异比较大，甚至超过一半。基于这样的原因，国内不少高级珠宝消费者不太认可有加热过的红、蓝宝石。

评估红、蓝宝石需要借鉴评估钻石价值和品质的4C标准：颜色（color）、切割（cut）、净度（clarity）、克拉（carat）。

蓝宝石中最漂亮的颜色首推皇家蓝蓝宝石，它以浓郁、深沉、高贵的质感位列世界第三大名贵宝石，以缅甸产的为最佳，斯里兰卡、马达加斯加、西非等产地的成为其重要补充。排名第二的是克什米尔的矢车菊蓝宝石，因内含物金红石针导致散射效应，这一特殊的光学效应使某些蓝宝石有时候看上去有丝绸的质感，更细腻的会有天鹅绒的质感，“流淌的丝绸”被誉为克什米尔矢车菊蓝宝石的至高境界，在国际珠宝市场大放异彩。世界上最知名的蓝宝石代表作莫过于已故英国戴安娜王妃的戒指，几十年来一直引领全球蓝宝石风尚。

对于蓝宝石颜色的话题，我和国内外很多同行深度探讨过，不同地域、不同认知、不同文化导致大家对蓝宝石的审美存在些许差异。一次我和某国际知名珠宝专家探讨蓝宝石，告诉他我最喜欢的是明艳形皇家蓝和高饱和度的矢车菊，尤其是介于两者之间的颜色。专家被我这个刁钻的审美弄得无言以对，因为只有深谙珠宝的人才明白，这种审美狭隘到基本上只能存在于理想主义中。然而，在这次穆斯林人送来的蓝宝石中，我遇到了自己狭隘的理想主义。

原来有一种蓝，真的可以蓝得如此纯正、如此炽烈、如此明艳，又如此梦幻。内部夹杂着些许排列规整又纤细到肉眼几乎不可见的金红石针，既满足了石头澄澈的半玻璃质晶体要求，又满足了梦幻般“天鹅绒”的要求。光线停留在里面如一块流动的丝绸。金红石针既满足了石头的天鹅绒质感，又不影响石头漂亮的亚金刚光泽，这种光泽让石头显得愈发明亮，烁烁刺目。这一刻，我既迷失在色彩中，也被这种光泽刺痛。

再看切割，完全不计成本的德切标准，让石头没有一点“赘肉”，完美的台面，完美的腰线，完美的比例，内外100%无瑕，均匀的毫无痕迹的金红石针，如果不是天鹅绒效应，几乎可以判定这是两颗假的蓝宝石。同时，这也是两颗有加热过的蓝宝石。在我对蓝宝石惯性的评估和选择中，这是个悖论。价格更是离谱，是市场上同样大小的高品质无加热皇家蓝蓝宝石的三倍。货主摆出一副完全不肯议价的态势。

下午两个小时，这两颗蓝宝石一直摆在我的工作台上。时不时扫一眼过去，它们就像旷野中最绚烂的矢车菊，让其他珠宝黯然失色。然而最终因将近三倍谈不拢的价格差，我表示放手。

这两颗蓝宝石离开了工作台，离开了我的桌面，我只能在图片和想象中再重温它的盛世美颜。接下来的下午，我渐渐陷入一种面红耳赤，心跳速的状态，觉得有一股强大的力压在胸口，让我越来越喘不过气来。我需要站起来走几步，做几个深呼吸，才能勉强克制自己的情绪。它给我了一种只有在青春期才有的生理冲动，我明显感觉到情绪被这两颗蓝宝石点燃，一种恋爱的灼热感弥漫在胸口。我好几次都需要停下工作，强迫自己冷静。

从未想过一颗石头可以让我恍惚到不能自持。

思考良久，下午工作要结束的时候，我让Edison打电话喊穆斯林老板回来再谈。老板回电话，他儿子已经订了下午的机票，带着蓝宝石飞往迪拜。

从此无缘。

让我犹豫的症结是加热。让我意想不到的是有一种美丽真的可以三至五倍溢价，而且直接流入欧美市场，不给普通市场机会。我被这两颗蓝宝石教育了。在以后的工作经历中，虽然还遇到过多起类似的案例，都赶不上这颗石头带给我的震撼，记忆永存。

第二种是真正绝美的蓝宝石。国内某位朋友结婚三十周年，先生曾特意托我为太太甄选一颗蓝宝石，既做庆贺，亦做家族传承，裁决权完全委托给我。这次我就偶遇到这样的一颗：无加热，皇家蓝，Gübelin、SSEF、GRS三证齐全。看证书上的日期，已经被矿主收藏将近五年，是一颗有点年份的“旧”石头，价格应该会有比较大的可谈判空间。放在手上，宝石略比一颗鹌鹑蛋大一些，妥妥一枚真正意义上的海洋之心。

然而货主报出的价格直逼八位数，我顿时理解为什么这颗石头被搁置多年。

“像这么好的石头，为什么不送到欧美市场呢？”我发出疑问。

身旁的人哈哈大笑：“这是我们南部最大的矿主出的宝石，他几乎垄断了我们南部的宝石行业，家资丰厚，一二十年的宝石有很多，甚至有些是从他爷爷那代流传下来的，根本不急于流入市场，更不主动流入欧美市场，老板需要的是交易安全，而不仅仅考虑利润。而且就算是在斯里兰卡，他的石头也一样可以撬到在欧美市场上的价格。”货主只是端着咖啡杯微笑。

事后几天，我走访了很多当地同行，反复征求几位行尊的意见，他们也纷纷给我讲述这颗石头的传奇过往：开采出来的原石就超过100克拉，因具有完好的晶体、瑰丽的色彩，没切割就已经展现出不凡的魅力，直接登上了斯里兰卡的国家级杂志，在斯里兰卡宝石界轰动一时。后期原石又采用了出成率最低的德切标准，就是为了把最好最完美的一面展现给世人。至于这么多年一直没有成交的原因有两个，一方面货主是南部地区最大的老板，通俗解释就是不差钱；另一方面他做事只考虑预期，并不在意中间跌宕起伏的商业过程。另外，稀缺资源并不多见，老板奇货可居并不过分。

事情一直卡着，中间我又约了老板几次，他只是让代理人把石头给我送到酒店，再也没露面过。珠宝行业有一种信任，几百万元甚至几千万元的珠宝，经常可以被其他信任的人士代持，大家约定俗成遵循共通的商业原则。

朋友们建议我可以考虑拿下，因为这种风毛麟角的蓝宝石，本身存在也是低概率事件。在盛产蓝宝石的斯里兰卡，这颗原石从开采出来就名噪一时。如今快要第五个年头，在同类宝石中，还没发现比它更好的存在，至少在媒体上并没有刊登出来。

遇到这种情况，所有斯里兰卡的老板都会把前后若干年有可能出现的成本、风险、溢价、通胀等各种因素全部叠加进去，一定要完全透支这颗石头的边际收益。因为纯天然贵重宝石的出现，本身就是低概率的偶然事件，不能再以常规的市场波动状况考虑。所有的同行都给我讲得很明白，矿主的代理人也连连点头。在绝对优势面前，他只展现了锁定最终胜利的姿态。

其实被困扰的是我自己，我把全部信息反馈给朋友，以期得到他的意见。不过当我刚讲完这颗蓝宝石的传奇过往，朋友毫不犹豫地拍板定案，把斯里兰卡五年来最具价值的蓝宝石收入囊中，另外支付我一笔高昂的佣金。可能一个人的思维层次足够高，做决定就越简单，他只需要考虑核心要素是不是满足诉求，而不需要瞻前顾后。

这枚异常美丽的蓝宝石在香港经过半年的设计探讨、出初稿、定稿、终审，最终以不装饰主石，仅搭配项链的模式开始制作。在朋友和太太三十年婚期的庆典上，在所有来宾的见证下，男主人把这枚真正的海洋之心赠与佳人，现场所有人一起见证了跨越时空的爱恋。

从尖竹汶府到拜林

佛说，前世一千次的回眸，才换来今生一次的擦肩而过。这世界，有时候机缘巧合得真像是从一开始就被设计过，人和人之间总会存在莫名其妙的缘分。

认识小熊时，她才十六岁，只完成了九年义务教育，初中毕业就到平洲玉器街打工。店铺老板娘是泰国人，经营着从泰国带过来的各类宝石：红宝石、蓝宝石、碧玺、托帕石、海蓝宝等。在平洲几千家做翡翠生意的商户中，只有她们一家做宝石。因为我的公司与她打工的商铺临近，日常往来不少，彼此之间也日益熟络起来。

小熊身高接近一米七，骨量纤细，体重不足百斤，偏偏脸颊是丰满的，胖乎乎的带着婴儿肥。一双大眼睛忽闪忽闪，像点缀着闪闪发光的星星，充满了梦幻感。她终日里笑眯眯的，天生就是个讨人喜欢的甜心。因为模样娇憨可人，我们都叫她小熊。

对女孩子而言，没有被学识加持过的美貌，其实更像是“低值易耗品”。然而她和别人真的不一样。在得天独厚的成长环境下（妈妈是泰国人，爸爸是广东客家人，学校是粤语混合普通话教学），小熊轻松驾驭五种语言：英语、泰语、客家话、普通话、广东话。天赋和环境，有些人求而不得，有些人与生俱来。

还没来得及吹灭十八岁的生日蜡烛，小熊就面临着人生的第一次选择：是继续留在中国跟着爸爸，还是和妈妈去泰国？当父母还在为这个入籍问题争论不休时，这个未满十八岁涉世未深的少女，已经默默准备好了去泰国的行囊。

任谁也没想到，就在小熊刚到泰国时，我也因为开启对宝石的探索，订了去泰国的机票。两个原本无依无靠的人，居然在新的国家和城市又可以结伴前行，而且职业配比无缝衔接。

我们最初的落脚点在曼谷JTC（Jewelry Trade Center），是曼谷市是隆路（Silom Road）珠宝城一栋五十九层的建筑，其楼宇高度在周边众多建筑群中脱颖而出。这真是一座实力雄厚的建筑：从负一层到顶楼，这栋建筑围绕着珠宝产业在区域上做了充分的职能划分：原石交易区、成品设计区、自由贸易区、珠宝检测实验室、商家办公室、酒店公寓，甚至连大名鼎鼎的亚洲宝石学院（AIGS）总部都设在该楼内部。而且，以这栋大楼为中心的周边一平方公里内，也基本上密集地分布着和宝石相关的所有产业链。以JTC为代表的泰国珠宝产业中心，在全球业内都享有盛誉，每年吸引着来自不同国家和地区的珠宝从业人员。

全新的环境，陌生的面孔。

和国内含蓄内敛的社交文化不同，在泰国，十八岁的天使面孔是最华丽快捷的社交名片。我们的工作室很快汇集了来自全世界不同肤色、五官、身形、口音的珠宝人。年轻的珠宝人借着喝咖啡的名义争先恐后地把市场上的信息分享给我们，就连最核心的报价都要比较谁比谁的更低。其中有一条信息多次被提起：每到周末，他们要去山上收石头。

什么山？在哪里？怎么去？我和小熊不由得发出一串“灵魂拷问”。

“尖竹汶府。行里人称之为‘山上’，而曼谷则被称为‘山下’。”他们不仅告知地名，还纷纷表示可以开车一起前往。

适度的热情是礼貌，过度的热情则要敬而远之。这是女孩子必须要谨记的社交准则。对于他们的顺风车邀请，我们都一并婉拒。这个世界上大部分突如其来的馈赠背后都贴好了价码，不要轻易地把自由交到别人手里，因此我们决定自己查资料，自行前往。

做任何事情，我都觉得不需要等到万事俱备再开始。因为普通人很难筹措到万事俱备的条件；就算是万事俱备，也不见得最初的选择就是正确的；就算选择是正确的，也并不能保证接下来的每个环节和步骤都不出现新问题。布局要谨慎，开局要大胆，差不多了就要开始行动，很多事情的发展都是在启动之后慢慢调整的。

刚来泰国的小熊虽然泰语溜熟，但并不认识泰文。为了避免失误，我们参照着网络翻译一遍遍地核准信息，行程里数、出行方式、目的地、住宿条件、安全问题……把出行的基本功课做足。从地图上看，尖竹汶府靠近柬埔寨。虽然当地人告诉我们车程四个小时可以到达，早晨七点钟出发来得及，不过我们还是拟定五点钟启程，把时间尽量提早，为接下来不确定的一天预留充足的犯错时间。终于我和小熊深思熟虑之后，从出租车公司打车，二百多公里的路程，我们从曼谷来到尖竹汶府。

八点多到达，这个小城镇还没有从昨夜苏醒，静悄悄的街道上，回响着我和小熊拖箱子的咕噜声音。九点钟，路上还是基本看不到人，冷不丁会有一辆摩托车开过，惊起几只路边觅食的鸽子。眼前所见，和想象中的，和别人口中描述的，都不一样，然而路边家家户户清澈的溪水、生机盎然的绿植、整洁的庭院，无一不在提醒我，这是座充满了生活情调的小城。

发信息给素日里热情异常的珠宝同行，却如石沉大海，不见回音。直到十点钟以后，我们才收到回信，同行们纷纷表示刚睡醒。我忽然明白，虽然我们和泰国人的地理时差只有一小时，但是和珠宝人的行业时差多达三小时。这三个小时是人为“设置”的，如果别人从我们身上看不到价值，他们当然没有义务陪着我们成长。

尖竹汶府街头

我们来到西岸的交易市场，这里大多是露天的小棚（摊位）或者是室内小屋，只要租一张桌子就可以开始交易。陆陆续续的，市场工作人员开始把相应的工具摆在面前的桌子上：看宝石的白板、放大镜、克拉秤、纸巾……每个人面前一套。直到十一点钟，尖竹汶府专业的珠宝交易市场才算是正式营业。

身在其中才知道，这个成熟的、专业的宝石源头市场，每个方面都有约定俗成的潜规则。

以我所在的由印度老板把控的场为例：刚坐下，就有工作人员送来工具，包括茶水和午餐，却绝口不提费用。而从我买石头成交的第一单开始，印度老板就要从里面提取5%的佣金，成交越多，佣金自然就越丰厚。当然他并不白拿这个钱，“拿人钱财，替人服务”是合理的商业逻辑。从我选定这个场子开始，老板就默认要为我做一系列的担保：人身安全、珠宝口头鉴定、支付账期，如果石头出现问题还要负责追溯货主等，这就要求老板既要有深厚的行业基础，还要有复杂的社会关系。

当然，不是所有人都会遵循中介老板的商业规则。如果遇到价值比较高的石头，很短一段时间内需要支付几万元的佣金，经常有买家想通过各种方式跳开中介老板。在场子内看得八九不离十的石头，一脚踏出场，立即少5%的佣金抽点。利诱之下，很多新手铤而走险，虽然获得了短期收益，但他们明显忽略了这个世界上没有不透风的墙，轻则被提醒、被警告，比较严重的，也有在尖竹汶府从此被逐出圈的。

来自全世界的买家大多像我这样，只需坐着在白纸上写清楚买什么类型（品种与重量范围）的石头，自然有不计其数的挎包掮客送货过来。因为这里是批发市场，大多数石头出售以打包为主，被分在同一档次的石头一包一包地装好，不单颗零售。如果有看中的，就用纸巾包起来，把价格写在封面上，同时为了避免中途被打开，还需用透明胶在表面封好，之后掮客就会带着被标记的石头回去请示货主老板。

最开始我以为地处泰国境内，背包客理所应当就是泰国人，后来发现，泰国人只占很少一部分，其余的来自柬埔寨、越南、缅甸、印度、莫桑比克等国。这个小城居然流动着来自世界多个国家和地区的从业人员，带来当地的宝石特产。每次当他们打开包的那一刻，我都充满了期待，因为只要是从书本里看到过的宝石，都能在不同时间、不同人身上的包里看到实物。在市场上待久了，就像身临其境于一间间多姿多彩的移动宝石库，让人目不暇接。

下午三点钟左右的光景，背包客们已经发动摩托车，准备离开。等到四点钟左右，大街上的人就散得干干净净。中国人血液里厚植“勤劳”的基因，在这里失去了用武之地。

待的时间足够久，有小熊做伴，我开始有心情安排闲暇时间去仔细地打量这座泰国的边陲小城，这里曾经是柬埔寨的古城。查阅资料的时候得知，尖竹汶又称“庄他武里”（Chanthaburi Province），在印度梵文当中Chantha的意思是“月亮”，而Buri的意思是“城市”，所以合起来就是“月亮的城市”或“月都”。因此，尖竹汶府的府徽上会有一个月亮，月亮中有一个兔子的形状。按照泰国的传说，玉兔居住在月亮上，象征着本地的安宁与平静。所以在尖竹汶府随处可见兔子图案的路灯、告示牌等。

渐渐的，我喜欢上了尖竹汶府，也许是在这里找到了不为生活所累的闲逸时光。人很少，庭院很美。热带地区，大多数人家会在门口摆一个鱼缸，鱼缸里飘着几枝睡莲，水底结着厚厚的青苔，游动着如精灵一般各种颜色的小鱼。对于随遇而安的泰国人，他们的庭院我选择相信是大自然的作品：小鸟带来了吊灯扶桑花的种子，风吹来了金链花（泰国的国花），偶有路过的热情孩子随手插下了一株鹤望兰……让这个小城一年四季都躺在鲜花的怀里。尤其到了五六月的雨季，花香四溢，不时一阵雨洒落，水泥路面被冲刷得纤尘不染，我总是忍不住光着脚在小城中散步。

有一天，我被一堵墙吸引而停下脚步。暗红色的老砖爬满翠绿色的爬山虎。墙高大概两米的位置，开了一扇落地大窗。窗内摆着一个鱼缸，鱼儿们颜色、形态各异，被喂养得膘肥体壮，喜滋滋地游出一幅现世安稳、歌舞升平的景象。我感觉自己第一次读懂了鱼的微表情。还有一位青年趴在桌面上，蜷曲蓬松的头发轻柔地覆盖在面颊，只露出笔挺的鼻子。旁边是不同风格的手绘作品和一红一蓝两颗宝石，尽管店里灯光昏暗，依然能够分辨出贵重珠宝隐匿不住的光芒。

这堵墙不仅吸引了我，也吸引了其他几个路过的人驻足，大家一起站在窗前闲聊。然而窗内的青年兀自趴着纹丝不动，直到过路的人都要散去，他都没有挪动一下。

是睡着了？

我试着敲敲窗户，没有动静，再用力地敲，还是没有反应。小熊也意识到不对劲，围观的人也开始敲窗、敲门，还有人拨打了警察的电话。最终，青年被救护车拉走了。

再见面大概是一个月之后。

我和小熊结束了在市场上一天的工作，准备回酒店。突然有人放了两颗漂亮的石头在桌子上，抬头看，笔挺的鼻子，一头飘逸俊秀的长发，蓬松地披在肩上，是他。这是第一次近距离看他的五官：乌黑浓密的眉斜斜地直插鬓角，纤细的眼睛透出温暖的光。身材是东南亚人特有的精瘦，却也不至于羸弱，皮肤偏白。

“谢谢你们救了我。”他居然磕磕绊绊地讲出了中文。

“你怎么会讲中文？那天你怎么了？”再见面，我们也很兴奋。

“我妈妈的爷爷是中国人，所以妈妈会说中文，我也会说一点点。我身体不好，那天是晕倒了。医生说如果不是及时送到医院，我可能就要死了……明天你们有时间吗？我邀请你们去我家里。”

他把护照递给我们看，是柬埔寨籍。“这里有很多柬埔寨人，他们大都来自我的家乡，我的家乡也有宝石。”长发青年笑容平和，双眼黑白分明，透着没有被俗事污染过的干净。

“你的家乡？”

“拜林（Pailin City）。过了前面一条河，半个小时就到了，很近。”

“谢谢你们那天救了我。我带你们去我的老家买石头，更便宜。”在珠宝市场，长发青年很懂得什么话最容易打动人心。

第二天，长发青年一早就驱车到酒店，和我们一起用餐，随后与我们一同去拜林。我忽然发现，长发青年的车子、衣服、鞋子、眼睛、手指都像他的鱼缸玻璃一样干净，看不到一点点灰尘。这么整洁的人，人品应该坏不到哪里去吧，我猜想。

从泰国尖竹汶府到柬埔寨拜林，两个国家的两个城市，路程加上通关时间，一个小时就入境了。车越开，我的心越清凉。山明显更多了，旷野明显更辽阔了，人明显更少了，居民建筑明显越来越原生态了。长发青年一路都在说：“很快的，不远。拜林的石头更便宜，很多泰国人都是来这里进货，市场上也有很多拜林人在卖珠宝。”我和小熊将信将疑。

半个小时后，车子在一栋十几层的白色建筑前停下。和沿途风景对比，这栋挺拔的欧式建筑结合庭院内的中式园林装修，和周边整个区域的气质显得格格不入。院内来来往往走动着工作人员，白衣灰裤，毕恭毕敬，默不作声。

长发青年带我们直接进入大楼里面。此时一楼大厅里挤满了人，有些人看到我们进来，居然笑着打招呼。我和小熊诧异地发现，很多面孔都是在尖竹汶府的旧相识。原来，他们都是从这里拿了石头再去尖竹汶府卖，没想到在这儿见到了他们的源头。这些珠宝掮客都在等待着派到自己手里的宝石，有些掮客会和派宝石的人聊，讨论什么品种的宝石更好卖。

往上走到了五楼，一眼望去，窗明几净，一排排切割宝石的工人整整齐齐端坐着。切好的成品被汇总收纳在六楼一个大工作台上，一眼扫过去，五颜六色，大大小小，堆得像小山一样高。另一部分年轻工人正有条不紊地按大小、颜色、形状、品类等对这些石头进行分类。五楼和六楼，集中了市场上能看到的各类中低档宝石。平日里看到的以克拉为计重单位的宝石，在这里以公斤论。

我和小熊越来越像刘姥姥走进大观园，眼花缭乱且喜不自禁。

长发青年带我们上七楼。进门正对面是巨幅的落地窗，拜林的风景尽收眼底，窗前规规矩矩地排放着十几张工作台。他示意我们在中间位置坐下，然后马上就有工作人员过来咨询我们需要的石头类型。

“你们买什么？没关系的，告诉他，很便宜的。”

“那就先看一克拉的无加热鸽血红红宝石吧。”

工作人员马上托出来十几盘符合要求的石头，重量、色级、净度、产地、形状等参数都一一标明。品质从差到好，依次摊开。

“请问价格？”这才是此行的目的。

“不贵的，不贵的。”长发青年又开始念念有词。

报价的工作人员一定是听到了他的念叨，特意看了他一眼，然后才按出一串数字。这么低的报价直接降维打击了我和小熊的认知力。

“看看，不贵吧。”长发青年看着我们错愕的表情，如释重负地长吁一口气，轻轻地挑起眉梢，“我没有骗你们吧？不贵吧？”

接下来的工作顺畅很多，不管问哪一类石头，工作人员都可以大盘大盘地把要求范围内的石头调动出来，源源不绝。虽然报价低，但扛不住数量多啊，我暗自盘算一下，随随便便一盘，都够我受的。按国际市场上珠宝交易的潜规则，如果符合要求的石头送出来两轮或者三轮，是必须要有成交的，否则买家会被认为诚意不够，卖家大可以略摆姿态，端茶送客。几轮货看下来，我开始表现得越来越不自信。

“没关系的，都很便宜。你们还想看什么，我叫他们给你们拿。”

既然他都这样信誓旦旦了，就当是饱眼福吧，可能此后也不会再相见。就算被工作人员看不起，我也不能错过这次良机，就当临场学习啦。摆脱了小商人买和卖赚差价的思维窠臼，格局一下拉高不少，人都自在了许多。

工作人员也按照长发青年的话，继续一盘接一盘地往外端石头。数量之多，种类之丰富，贵重珠宝硬是在这里摊出了老家农村吃流水席的气质，让人觉得不可思议。几分钟下来，我就知道置身其中的这栋楼价值不可估量。

再上一楼层是名贵蓝宝石的展厅，我们已没有勇气继续看下去了，忍痛婉拒。长发青年看我们意兴阑珊，又提议：“我开车送你们去矿区看看吧。”

驱车十分钟已经把小城远远抛在身后，我们向远山奔去。山路崎岖，一路都有石子砸在车子底盘上，发出“砰砰”的声响。长发青年指着路边数不清的小石块说：“这里以前也是开采宝石的矿床，现在开采完了，就修成路了，下面这些砂砾中有时候还可以捡到宝石。”此言一出，我和小熊立刻有要下车捡石子的冲动。

“不要急，后面的宝石更多。”长发青年见怪不怪。

车子最终在一片河滩前停下来。河滩里面，数不清的人弯着腰在筛选砂砾。

“这就是我们拜林挖宝石的地方，类似的地方还有很多。宝石挖好了送去工厂，工厂切割好了可以卖到泰国，也可以卖到全世界。”长发青年尽量用中文给我们解释，“以后你们都来拜林买宝石，比尖竹汶府卖得便宜。”

回去的时候已经接近傍晚。

“我请你们吃饭，到我家里去，我家里人想见你们。”

车子又开回到白色建筑的院子里。看别人对他毕恭毕敬，看他在这栋楼里来去自如，我和小熊几次带着困惑互相对视。

电梯直送我们上顶楼。出电梯，正对一个无边界泳池。晚宴就安排在泳池旁边的草坪上。远方的太阳正徐徐落下，把最后一丝余晖镀在水面，微风浮动，整个水面闪烁着金灿灿的波光。

餐桌前已经端坐一男一女，五十多岁的年纪。

“我爸爸妈妈。”长发青年刚小声说完，他们就站起身迎接。此时答案揭晓，这栋楼居然就是属于长发青年家的！

妈妈一把把长发青年揽在怀里，不停地揉搓他的脸庞，嘴里叽里呱啦不知讲着什么话。长发青年的反应倒是淡然，既看不出欣喜，也读不出悲伤。

许久，她转身对我和小熊说："谢谢你们，救了我的儿子。"妈妈很明显是亚洲人的血统，中文也标准很多。除了长得漂亮，她一身装扮更是富丽堂皇，浅香槟色的高棉服饰把身材勾勒得凹凸有致，戴着目测单颗过十克拉的红宝石耳坠，全明亮型鸽血红的色调，尽管落日余晖散尽，还可以兀自生辉。这样硕大、配对、高品质的鸽血红，我在杂志上都没有看到过。站在一旁的爸爸看起来不像是柬埔寨人，一直微笑不语，不时对儿子投以慈爱、温暖的目光。妈妈对着儿子，眼神、言辞、肢体动作，无一不是母爱泛滥的表现。反观长发青年，反应一直是淡淡的、克制的，变化不大。

白天从尖竹汶府开车来拜林的路上，那个一直宽慰我们"不远的，很安全的，不贵的"友善温和的青年去哪儿了？在长发青年开车送我们回酒店的路上，我们聊起了天。

"为什么你不和爸爸妈妈说话？"

"他们不关心我，从来都不关心我。"长发青年说这句话的时候，并没有表现出气愤或者悲伤，说得极其自然。

"为什么？"

"他们只喜欢钱，只喜欢工作。我小的时候，他们天天工作。谢谢你们救了我，我后来自己在医院做了手术。"

"做手术？"长发青年看起来还很年轻，不过二十五六岁的样子。

"对，是第二次手术了，第一次的时候也是这样。八年前，当时爸爸妈妈在非洲买矿，我被保姆送进医院。等到他们回来，我已经出院了。不久之后，他们就盖了这栋大楼，以我的名字命名。第二次做手术就是被你们发现的这次，我突然晕倒，医生说如果再晚一些，我就有生命危险。他们当时在俄罗斯买矿，可以马上飞回来，是我让医院不要通知他们。我自己在医院做了八个小时手术，自己在医院住了十天，自己再开车回工作室……他们的事业，可能一直比我的命更重要。”

是经历过什么样的绝望，才让眼前这位长发青年把遭遇生死劫的故事讲得这么平淡，就像一个人走路、吃饭、出行那样一以贯之的日常。我和小熊不敢再往下追问。

路过一个寺院，车子停了下来。

“我带你们去看我的家。”长发青年终于表现出符合他年纪的喜悦，“从小到大，每当我孤单的时候，我就来寺院找和尚哥哥，他们会陪着我，给我讲故事，安慰我。我以后也会成为一个和尚。”

“家？和尚？”年纪轻轻、面容俊秀、富甲一方且家在寺院的和尚？我无法用正常的思维把他跟和尚联系起来。

“和尚是好的。”长发青年倒没什么忌讳，“我们每个人都会死去，也会在下一世再轮回。”我从他讲轮回的眼神中看到希望。

听到发动机的声音，寺院里迎出一位年长的和尚，旁边还有两位小童伺立左右。长发青年和长者亲密拥抱。

他们邀请我和小熊一起在藤蔓下纳凉。原来这里的和尚也和普通人一样，闲聊、饮茶，打发闲暇时光。

“我们这个寺院，是迪兰捐赠建造的。”长者指着长发青年。

我和小熊这会儿才知道青年的名字。

“他每年给我们捐款，我们建寺庙，在比较远的农村给孩子们建学校，建图书馆。他的作品很值钱，可以卖给很多有钱人，也可以卖给我们的国王。”长者讲述这些故事时，年幼的小童满眼都是崇拜。

迪兰只是抿着嘴微笑。我想起他桌子上的画作，也明白为什么他可以这么大手笔地用各种奢华的宝石打造寺院。

“我不结婚，也不会继承爸爸妈妈的产业。我是在为以后做计划，如果将来身体更差，我就到这里来，和我的和尚哥哥在一起。”

这个念头，他应该是和朋友们谈过很多次，在座的和尚并不感到意外。恍惚间，我好像真的看到一片梦想的伊甸园。

虽然我们都是被父母赋予生命，但人生的经历与周围大多数人无关。父母想赐予的，不见得是孩子想获得的；别人拼命追求的，不见得是自己喜欢的；每个人身心的成熟，来自自己踏实的体验。如果迪兰第一次住院时还没想清楚，那第二次住院已足以让他笃定了下半生将要走的路。这位干净的年轻人，努力的终点只不过是想回到被剥夺的起点。

关于选择和人生，如果不是失望到再也不能接受新的伤害，谁又能轻而易举地在年轻的时候就下定这样决绝的决心呢……

东方面孔

同样一颗石头，在不同国家、不同实验室、不同负责人手里出来的鉴定结果很有可能不同，一方面是不同国家制定的行业标准不同，另一方面是因为不同实验室的执行标准不同，当然还有一个弹性因素是操作人的经验值。因此，国际知名实验室对负责人的专业度要求都非常高。“失之毫厘，谬以千里”这句话反映的差距在珠宝鉴定和评估领域尤其明显，因为一个细微的差异有可能会引发很大的价格差。尽管我在自己的实验室里对这个问题摸索得小有心得，但总归所接触的范围有限，遗憾无法和更专业、阅历更广泛的人做深度交流。在内心深处，我一直希望有机会去更高级的平台上和国际同仁做平行探讨。

终于有一次在斯里兰卡，因为帮助当地的拍档Edison做石头分色级的工作，我认识了EGL（Emteem Gem Lab，斯里兰卡珠宝鉴定实验室）实验室的博士。和实验室的博士一见面聊天才知道我们是FGA（Fellowship of Gemological Association of Great Britain，英国宝石学会会员）的校友，不同的是他自小就生长在这块土地上，对每个地方不同类型的石头了然于胸。在这里长大的孩子，十几岁开始从事珠宝工作是理所当然的选择。他的小伙伴们大多选择了把赚珠宝销售差价作为谋生的手段，他则选择以研究的方式更深层次地了解珠宝，先去英国读了FGA，然后去美国读GIA（Gemological Institute of America，美国宝石学院）。回国后，他成立了珠宝鉴定实验室，逐渐成为斯里兰卡最知名的珠宝鉴定专家。

博士评价说我评估的这些石头色级，准确度达到92%以上，节省了他很多时间。Edison在一旁告诉博士，所有这些工作，我都是在裸眼的条件下不借助任何工具完成的，两天时间就干完了他一个月的活儿。这样的效率和精准度让博士感到有些难以置信。

实验室刚好也堆着很多石头，为了证明我的真实水平，于是我开始现场“表演”。在博士面前的考核，我一如既往地保持理性，不被周围环境影响，只尊重眼睛看到的实际情况，手随眼动，很快就完成了现场评估。博士马上对我评估过的石头做测评，这次准确度达到了97%以上。他终于相信了Edison说的话，也确定了我天生对珠宝的敏感度高于常人。博士说，如果我在上游珠宝市场，仅靠肉眼评定，这样几秒钟的时间，可以直接让几个大家族的采购成本降低10%。他甚至开玩笑地建议我直接做市场中介，当场评估石头，拿10%的佣金，这是上游珠宝市场上最快的赚钱方式，而且不用承担任何风险。

他挽留我在他的实验室做兼职。坦白讲，我很珍惜也很享受这样的机会。虽然博士开出了酬劳，但我仍坚持选择零报酬做兼职，因为在实验室，我几乎可以把这个岛国产出的所有类型的石头都经手过滤一遍，这对我来说是弥足珍贵的机会。就这样，我成了实验室的“肉眼鉴定机器”，也因此获得了更多深入斯里兰卡珠宝圈的机会。

斯里兰卡是以盛产各类宝石而闻名的岛国，每年一度的斯里兰卡珠宝展是行业盛事，各种殿堂级的奇珍异宝被呈现出来以飨世界各地的同行和买家。每到珠宝展，斯里兰卡自上而下都尤为重视，矿主、珠宝大亨，还有来自全球的珠宝采购商共襄盛举，事关珠宝交易关键的各大珠宝鉴定实验室则鼎力相助。

按照惯例，斯里兰卡总理一定会出席，为国内最大的珠宝展站台，不遗余力地向全世界展示岛国的珠宝文化。每年这个时候，他的团队也需要在最大的实验室选拔专业的珠宝讲解人员配合工作。符合这种要求的人并不少，在此之前博士已经连续几年为总理服务了。2019年有点不一样。当总理团队又招募讲解人员时，因为我特殊的外籍身份、女性、快速的裸眼鉴定能力，而且能维持高精准度的鉴定水准，具备专业的英语表述能力，博士毫不犹豫地把这个珍贵的机会留给了我，让我荣幸地以东方人的面孔站在公众面前。

展会第一天上午，现场人气还冷冷清清。一切准备就绪，我在忐忑中等待官方视察组的到访。

突然，人群中一阵骚动，一群人簇拥着一位穿白色衬衫、搭着红色披巾的男士缓步入场，我一眼便认出来，眼前的这位正是在媒体上经常看到的时任政府总理马欣达·拉贾帕克萨。同事们提醒我马上进入工作状态。

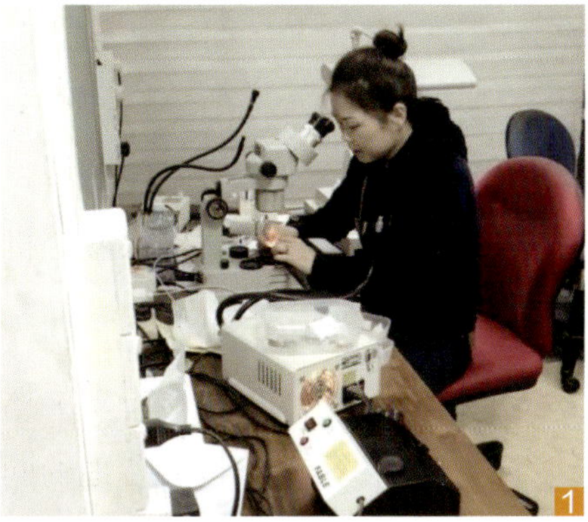

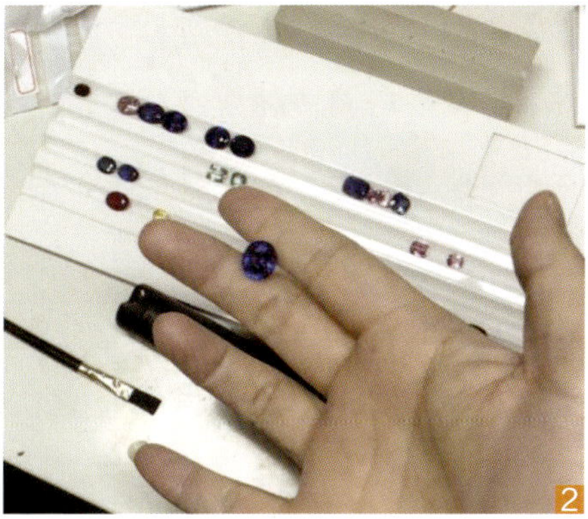

1 在实验室工作的我
2 实验室鉴定中的宝石
3 我和斯里兰卡前任总理
4 2023年与斯里兰卡总理的会面

总理一行人径直向我们实验室走来，突然一阵镁光灯闪烁，乌压压的一群长枪短炮瞬间挤满了我们的实验室。他笑眯眯地咨询我们实验室整体的检测能力，询问我们如何做到最大限度地保证国内外采购商的利益。他的每一句提问，每一个认真或者慈祥的笑容，对在场的每个人都是莫大的鼓舞。按照实验室的工作惯例，我条理清晰地讲述着我们针对展会制订的方案，在有限的条件下解决采购商的问题。

讲述完实验室的工作，根据媒体的需要，我开始跟随马欣达·拉贾帕克萨总理的脚步，一个展位一个展位地解析市场上常规的名贵宝石和稀缺宝石。最后在几个中国人的展位前，总理先生对远道而来的中国企业表达了极大的关怀和美好的期待。

总理为珠宝展大力站台令接下来几天展会的热度大幅提升。市场上开始涌入大量来自世界各地的珠宝采购商，其中最为引人注目的莫过于一行沙特阿拉伯采购天团，身穿白袍，高鼻深目。他们的出现直接逼退其他买家，大家对这些移动的金主都主动退避三舍，让出夺宝的机会。而我们实验室在博士的带领下，全力加速配合着展会的质检工作。作为斯里兰卡最严谨的珠宝鉴定实验室，我们责无旁贷地担负起主办方赋予的使命。

这看似幸运的一幕幕，是我一直踮着脚尖在背后默默地努力付出。当努力达到一定程度，这个世界重重叠叠的门才有可能比较容易被推开。这次经历也让我认识到，现代商业的本质就是价值交换，只有不停地为别人创造价值，才有可能在机会来临时实现自己的价值。

对于这次的工作，我依旧没有收取任何实质性报酬。因为这样的机会对我的职业生涯意义更大。事实也的确如此，伴随着展会结束，同行之间流传的东方面孔的故事极大地便利了我后期在斯里兰卡的工作。

从这以后，我和斯里兰卡这边的珠宝圈子保持着密切的联系，即便是疫情三年，我们也没有受到断航、断联、断商的影响。出行管控解封以后，2023年1月我便飞抵科伦坡，在1月5号和新一届的斯里兰卡总理在展会上相逢，继续开展新的工作。

这个世界上或许真的有幸运，但我更相信幸运的底层逻辑是持续的努力。以我二十年的经验，我可以很坦诚的分享给珠宝爱好者和从业者：专业度和诚信，是能在这个传统而保守行业立足的两大支撑点。

华丽的陷阱

事情总有预想不到的时候。

展会结束，我开始收到各式各样的电话，很多稀缺资源也主动找上门，当中有真有假。其中我反复接到一位先生的电话，化名Andrew，在斯里兰卡享有盛名。我们之前仅见过两次面，彼此没深入了解，只是泛泛之交。没想到展会结束之后，他铁了心地约我去他公司拜访交流，前后又打了很多次电话。最终我同意了，但这件事我并没有告诉当地拍档Edison。

约好了时间，我和助理在酒店等他开车过来接。早上将近十点钟，我收到信息，Andrew的车已经在酒店候着。这么守时，是个意外。印象中，斯里兰卡人尤其拖沓，时间观念并不强，很多工作拟定十点钟开始，其实十一点人都到不齐。

出门的时候，我戴了一块手表、一枚红宝石戒指，口袋里装两百美元，没有带包。这一招我是从电影里学的，如果遇到危险，就把表和戒指摘给别人，留两百块钱坐车。日常生活中，也经常有人给我开玩笑，说看到我带珠宝就想打劫。我每次都很认真地回答："只要喜欢，就可以拿去。"一旦危及生命，钱财这些身外之物通通不重要。他们都认为我是在开玩笑，其实我从来都是认真的。

下楼，见到Andrew站在一楼大堂，旁边还有一位三十来岁的帅气男士，是Andrew的儿子。在一年四季都是盛夏的赤道岛国，父子俩还是西装革履的行头，纹丝不乱的发型，细腻高贵的檀木香水若有似无地在四周弥散，简直是精英商务男的典范。

门外停着一辆老款奔驰，没有司机，也不是他儿子驾驶，而是Andrew亲自做司机。到一定年龄还不肯退位的男人，必然非常偏执和强势。在细节中，我一点点的解读这位陌生人的性格。

我暗自评估车龄和价位区间——价值过百万的奔驰，目测三十年的车龄，在国民收入并不高的斯里兰卡，一定有过风光无限的历史。果然，随着我聊起的奔驰话题，Andrew就再也没摁住他的话匣子，从年轻时候的第一桶金，到斥巨资买下三十年前斯里兰卡最豪华的奔驰轿车，成为国内很多场合亮丽的风景线，到他在珠宝行业的高光时刻，到他身边坐着的帅气、有才华的儿子……他有很多辉煌的经历值得向陌生人炫耀。对待这样一个自信满满的男人，我只需要站在女性的角度做一名好听众，恰到好处地点头、微笑、肯定，偶尔加入几次崇拜的眼神及赞叹……而这都会刺激Andrew咆哮式地狂笑以及打开下一个话题。

这实在是一个彪悍的老头。大概四小时的车程，也是四小时的绕山公路，他的时速可以一直维持在70公里左右，毫不减速。有几次的突然转弯，我都担心自己会被甩到车窗外。我算是体力好的，最后都感觉体力不支，几乎瘫在座位上，也抬不起头，很担心一不小心会呕出来。而Andrew还是一路都精力满格，喋喋不休地讲述过往。

下午两点，进入市区，我们稍做停留，还有最后一段路程。车子又穿过一段崎岖的山路，进入一片幽静的树林，沿着湖边几公里的小路，最后在一扇大门前停下。

自动大门徐徐打开，让我绝对想不到的最先进入视野的竟然是庄园里三五成群的孔雀，优哉游哉地在四周散步。这一场景不禁让我想起乡下老家散养的遍地跑的鸡，原来认知里拥有华贵地位的孔雀身价顿时大打折扣。

驱车再进几十米，在一栋红墙灰瓦的别墅前停下。别墅四周绿树成荫，还点缀着奇花异草。下午三四点钟的太阳明亮且柔和，阳光穿过树叶的间隙，洒在红墙灰瓦的别墅上，斑驳的树影好美，整个院子一片宁静，散发着祥和迷人的光。如此美景，让几小时的疲惫一扫而光。

Andrew的儿子打开房门的瞬间，突然从门口窜出一只猎豹，肥硕的身体一头扎进他的怀里，一边用脑袋蹭他的胸口，一边不停地用舌头舔舐他的手掌。眼前的画面我只在电影里见过，在生活中活灵活现地出现还是第一次。我甚至不敢看清楚猎豹的样子，一股猛兽的气息就把我吓得想赶快躲回车里，把一旁的Andrew引得哈哈大笑。

他儿子半拥着猎豹进房，Andrew带我去别墅后面走走。想不到这儿的视野更广阔，绿草如茵，小鸟在四周欢腾地歌唱，孔雀和主人毫无距离感，可以被随意揽在怀里。不太远的地方，厚厚的草坪上或卧或站着几头驯鹿和几只悠然的水鸟。再远一点儿，落地生根的热带雨林植物密密麻麻地连接在一起，形成了一道天然的绿色屏障。

Andrew骄傲地带我在他的庄园里散步。我马上打电话把所看到的一切景象告诉此时留在酒店的助理，她说你一定在说谎，斯里兰卡不可能有这样的地方。挂了电话，感受着工人在院子里摆好的桌子、咖啡，还有打包回来的披萨，享受美味，一路的颠簸和担忧都值了。

简单吃过晚餐，梳理好情绪，已经是六点钟左右。Andrew让我明天再开始工作，我告诉他一切已准备就绪，可以马上开始工作。

Andrew打开他的保险柜，就像是打开了神奇宝藏的大门！一盘盘、一袋袋，各种切割、各种类型、各种大小、各种价位的石头摆满了工作台。每一盘石头旁都打着价格标签，大致都比市场价格低20%～30%。我要做的就是从里面筛选我想要的石头，自助核算价格。这注定是一项长时间精神消耗的工作，Andrew把我留在工作室，人就消失不见了。不要有非分之想，任何时候任何地方，珠宝商最不缺的就是摄像头。

不知道过去了几个小时，我在密密麻麻的石头中沉醉不能自拔。忽

看石头的日常

然，一阵清脆的门铃声把我惊醒，抬头看见两位皮肤黝黑的青年已经进门，他们一个人手里托着盘子，一个人手上拿着工具，我没心情仔细辨别他们拿着什么，早已被吓得惊恐万状。小伙子明显看出我受到了极大的惊吓，他们解释是进来送咖啡和点心，顺便整理工作室，然后报以羞赧的微笑，把东西放下，躬身退出。虽然是虚惊一场，我却再也没有了看石头的兴致，一摸后背，冰凉一片，原来前后一分钟的工夫，已冷汗直流……

睡前检查好门窗，一夜辗转。回想刚刚的画面，假如真发生了意外，我的身高仅到他们胸口位置，人生地不熟，后果不堪设想。

第二天醒来，工人已经摆好早餐，Andrew邀请我去矿井看看。作为珠宝人，对矿井我一直有迷之热情，我想知道是什么样的地矿条件才生成如此美好的奇珍异宝，也想知道用什么样的开采方式才能把这些石头呈现在世人面前。

目的地并不远，车子走过了一条丛林掩映、铺满沙砾的石子路。Andrew及时告诉我，这条沙砾路就是用矿井里开采出来的杂石铺出来的。

老矿工

到了矿井，我遇到了一位无法忘怀的老矿工。我从来没有见过像他这样的人——形容枯槁、身量矮小，身上穿的衣服还不如说是随随便便裹着的破布，没有穿鞋子（我第一次来斯里兰卡是2012年，当时这里大多数人都不穿鞋，但现在陆陆续续大多数人都穿上了鞋子）。不用号令、不使眼色，如影随形地跟随着客户的需求，甚至能提前捕捉到客户的潜在需求，又能在客户不需要自己的时候，把自己藏匿到看不见的地方去。以上的描述不添加感情色彩，不做铺垫陈述，局外人任何私人情感的掺杂都是对老矿工的不尊重。未经过别人的人生，不要用自己的猜测来做描补。

他人生的舞台就是矿井的出入口。下去、上来、淘沙、清洗，每个动作都干净利落。我不知道他从多少岁开始务工，也不知道他还会在矿井上站多久的岗。一个顺从的、不挣扎的灵魂，我不知道是什么样的经历、伤痛或者是不能承受之重，才会让他如此心甘情愿地臣服，臣服在以水坑和矿井为半径的生活圈里。从他身上，我看到了很多人的影子。

曾经我一直很向往矿区，想到矿井里工作，总觉得那是承载我梦想的地方。然而这个上午我宁愿自己从来没有来过，从来没有过这样的好奇心，也从来没见过这样一位老矿工。透过他，我看到了珠宝艳丽的背后，是落后、贫穷、压榨、无休止的劳作。

下午，我选择回Andrew的庄园继续未完的工作。他一直陪在我身边，全心全意地帮我做筛选，从专业角度做精准评估，甚至帮我分析某一类石头在全球市场的价值走向。我在斯里兰卡有很多朋友，Andrew的服务绝对算是最贴心的。偶尔也会有一些电话打进来，Andrew都非常绅士地回复。然而他的电话漏音，我可以清晰地听到听筒里有时会传来尖锐的或者暴怒的、质问或者诘责的语气。我没有带助理，没有翻译，也没有地陪，虽然我听不懂他们在说什么，但我感知到这一定是不友好的语气，不管Andrew表现得多么淡定从容，好像一切都在他的掌控之中。Andrew每次挂掉电话，都会换成诙谐的口吻，以贴心专业的方式继续和我聊天。

然而我们的工作再次被各种电话打断。我感觉这个节奏并不对，趁Andrew不注意，断断续续的，用手机偷偷录下几段电话内容，并且迅速地传给在斯里兰卡的一些朋友，他们有的是珠宝商、有的是当地的代理、有的是工作伙伴、有的是做餐饮的中国朋友……我尽可能地把信息传播出去，因为每个人反馈信息的角度和速度都不同。

很快，我收到了他们从语音碎片中分离出来的信息，有的电话打来是因为Andrew收了钱，逾期不支付珠宝；有的是在追讨货款，他拿了货并没有付钱；还有的是他克扣矿工薪水，在被不停地追讨……不管怎么说，都是很不齿的商业行为。其中还有最重要的一条信息是针对我的，他正在和别人讨论用哪种结算方式，让我先付款，然后拒绝交货。几乎每位朋友都给我反馈了这个信息，因为语言壁垒，这个话题他们讨论得很放肆。

这些信息，解开了此行的所有谜团。

我让当地拍档Edison来接我，最快也要两个小时，我们约好在市中心的必胜客见面，我继续不动声色地和Andrew讨论石头。每一颗石头他都十分卖力地和我讲解，我一边配合他选石头谈价格，聊他感兴趣的话题，一边还要控制情绪不能有破绽，同时把聊天的时间拉得足够长，足够等到Edison赶过来接我。

工人在回廊下准备的西式午餐尤其精美，Andrew邀我共餐。我和他大谈中国菜，谈一个人最难改变的是口味，最喜欢的还是中国的馍、穆斯林的镶，还有在这里可以订购的披萨。Andrew表示马上可以订披萨过来，或者请他儿子帮我去买。我则表示现在还不太饿，更想把时间花在石头上，做更多的筛选，验完货刚好可以去外面取钱支付，顺便吃新鲜的披萨。

我设计过的每一句台词都正中Andrew的下怀，事情的发展也似乎越来越向着他预设的方向。筹码都在他手上，胜券在握，他表现得比我更急切。我则看着时间逐步推进事情的进度，清点石头，整理好账目，以完全信赖的态度把所有石头交付到Andrew手里，然后让他陪我一起去银行取现金，顺便去必胜客吃饭，一切都表现得顺理成章。

不管和Andrew的结局如何，或许以后也不会再见面，但我还是要尊重他这次把我从很远的地方接过来，让我见到了不一样的斯里兰卡。只要有机会，我还是会选择和他做少量交易，就算是酬谢他的时间和专业度。

在必胜客，我见到了Edison和在斯里兰卡的司机，站在两位熟悉的彪形大汉中间，我长舒一口气。最终Andrew还是给了我一小部分宝石，我们完成了小额交易。不能完全概括我和Andrew道别时他的表情，愤怒、愕然、难以置信，又或者也有些许的敬佩吧，毕竟一直以来已经有太多人中过他的道儿，而我是特殊的一个。

再见了Andrew，再见了美丽的庄园。

我还是一直在宝石路上继续行走，虽然有些真相并不如表面看起来的那么美好。

传承与心安

珠宝，在我们的生活中好像是高不可攀的存在。然而在很多国家和地区，珠宝文化已经被植入日常生活中，很多人以简单或者特别的方式用珠宝诠释对生活的理解。

当新生命诞生，当成年步入社会，当与爱人相遇，当想要肯定别人或者奖励自己，当个性需要彰显，当价值需要展示，当财富需要传承，当不同的文化需要差异化的交流形式……珠宝，在很多关键的时刻都可以不负众望地担起使命。

在抹谷，每次和Ting Ting见面，她都给我看各种宝石、原石矿标，甚至是她亲手磨过的切割漂亮的宝石。一般只要是我看上的，她都会爽快地卖给我，价格也适中。然而有次我看上了她手上的一对红、蓝对戒，屡次请她把戒指摘下来赏析，确定喜欢，终于问起价格。

“不卖！”没想到她拒绝得斩钉截铁，“这是妈妈给的，当然，我也会送给我的孩子，他也会送给他的孩子。”回答我时，她的眉毛骄傲得想从额头飞走，眼睛和语气里是满满的幸福！那一刻，我甚至嫉妒这种幸福以及幸福带来的力量！尤其当我成年之后，我深深明白，发自内心的幸福感和满足感尤其珍贵。一个人精神上的富足需要在襁褓之中就开始培育，因为这是很多人能够幸福走完人生的原动力。

还有一次，我在斯里兰卡路边买榴莲，发现卖榴莲的小哥居然戴了满手的戒指。还没等我问，他表现得比我更兴奋，如数家珍地指着每个戒指说：“这个是外婆送的，这个是妈妈送的，这个是老婆送的。”又指着另一个蓝宝石戒指说，“这个是上几辈的长辈留下的，以后要留给我的子子孙孙……”听着他娓娓道来的家谱，看着他溢于言表的幸福感，我实在羡慕这种滋养在几代家族荣光里的骄傲。虽然他以卖榴莲为生，但在这一刻，他的精神世界富可敌国。

我经常会和一些国外的同行交流他们对珠宝的看法，比如长年累月浸淫在悠久珠宝文化中的印度人、英国人，我想从他们的文化背景中找到对珠宝更深刻的理解，或者猜测他们是否能触碰到珠宝更神秘的力量。比如，我就碰到过一位戴着九颗石头拼成的戒指的朋友。他说这是他的信仰，九种宝石寓意能从太阳系中获得能量。此言一出，我对这种超越宗教信仰的思维肃然起敬。

但久而久之，我不再执念于要从宝石中寻觅神秘的力量，而是更在意这些宝石在我们平淡人生中对普通人的特殊含义。我虽然入行多年，早已见过和买过无数珠宝，但记忆中那个夏天，自己花钱去买的第一件

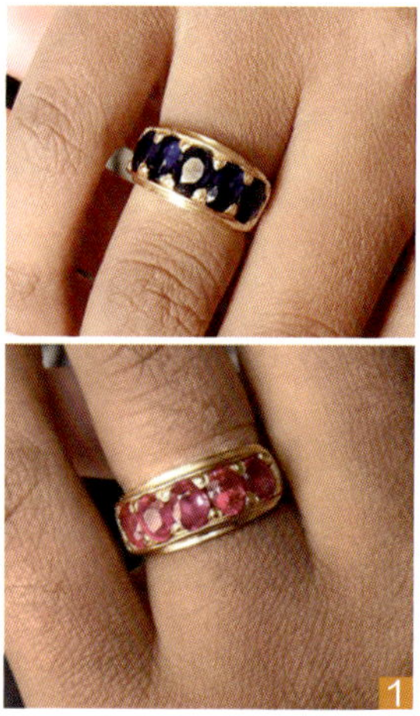

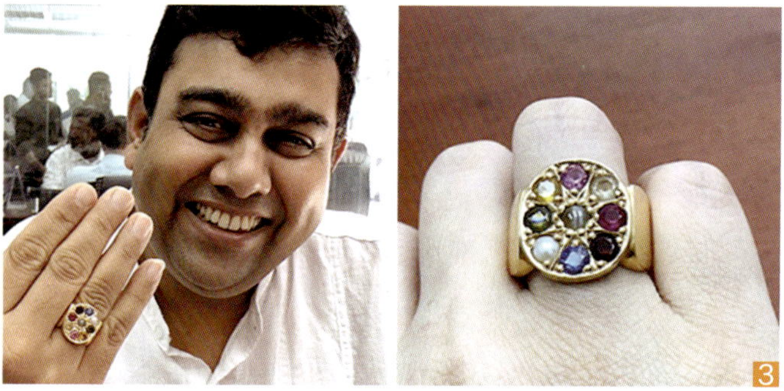

1 红、蓝对戒

2 卖榴莲的小哥

3 朋友和他的九颗石头戒指

翡翠小佛给我带来的感受依旧无可替代。

那是发生在2003年的事。那年夏天，我到六朝古都南京，在当地的购物商场，我鼓足勇气站在珠宝柜台的外面，一下子就被里面的石头吸引得迈不开脚，同时脑中泛滥着“谦谦君子、温润如玉”“戴玉保平安”“人养玉、玉养人”“黄金有价玉无价”“男戴观音女戴佛”等广告词，不停地在自我催眠。完全不知道什么叫喜欢，只知道眼前这些就是传说中的玉，个个都好看，只好先偷偷摸摸把价格标签看一遍。因为在很长一段时间里，价格都是我考虑问题的起点，也是决定我喜欢与否的重要依据。

看了很久，我指着放着一排长得都很像的佛公的展柜，小心翼翼地对柜姐说：“可以看看这个吗？”想看这个，是因为几次确认过标签上的价格，795元，在钱包的射程之内。甚至没有勇气再去拿第二件比较一番，在柜姐穿上一条红色的绳子之后，付好钱，我把它紧紧地贴着皮肤，戴进衣服的最里层。柜姐说，这是翡翠。

我是回家之后，才有时间和勇气仔细地审视、把玩它。佛公小巧精致，整体是很淡很淡的绿色，很均匀，也很干净，真的有润润的感觉，完全暗合了心中君子温润如玉的品德标榜。红色的绳子，恰到好处地垂到锁骨的位置。

从大学开始，我经常过着居无定所、漂泊在外的日子。不知道多少个夜晚，几十块钱的小旅馆，破破烂烂的公交车，人迹罕至的大戈壁，风烛残年的旧城墙，都留下过我索然独行的影子。没有人可以一直坚强，当我觉得扛不住的时候，这尊佛公有时候用手抓着，有时候含在嘴里，有时候摘下来拿在手上。原本最灿烂也是最孤独的年华，都是它陪我寂然度过。

后来，我也和很多朋友分享过这段心路历程：不管遇到什么样的困难，不管捱多煎熬的寂寞，不管遭遇怎样的恐慌，只要有这尊佛公陪着，我都能立刻感受到遇难成祥的安然。不管周遭多么嘈杂，也都可以安然入眠。佛公随时随地带来的内心深处的宁静，辅助我更快地通达高阶人生，也是我一直默默想达到的身心灵修为。尽管现在的我知道这种机器压制的佛公成本不过五块钱，也佩戴过无数价值更昂贵的佛公，但都比不上这尊佛公带给我的感觉踏实。

行文至此，我也不得不说，我是一个无神论者，因为行业属性，很多人问过“开光”的问题，我身边不乏大师（也不乏自诩的大师），但我从不推荐，也不拜不求。我更倾向于对自我的精神皈依。玉石只是一个媒介，只有植根在自己精神深处的，那才叫信仰，不需要对别人传导，也不需要对世人昭示，至少在我看来是如此。

被我们寄托深厚情感的这些装饰品，可以是一个简单的银戒圈儿，可以是一条纤细的金链子，也可以是在外面捡回来的一颗小石子，还可以是价格昂贵的贵重宝石。当它被拥有或者被赠予的这一刻，不管是对普通人还是对名流贵胄，除了本身的价值，其承载的独特情感价值更具有不可低估的非凡意义。

“书鹏谈珠宝”

五大名贵宝石

世界上的宝石丰富多样，它们都以其独特的魅力吸引着无数珠宝爱好者和收藏家。但在自然界这么多美丽的石头当中，能成为名贵高档的天然宝石有且仅有五种：钻石、红宝石、蓝宝石、祖母绿、猫眼。这五种宝石颜色漂亮，色泽明艳，产量稀少，硬度高、化学性质稳定，价值高昂且集中，便于全球流通。

一、衡量名贵宝石的硬性标准

美丽的：比如钻石的璀璨夺目光泽，红宝石和蓝宝石的浓艳高贵颜色，猫眼灵活、犀利的光学效应，星光红宝石完整、均匀的六射星光效果。

稀缺的：已探明的储量稀少，充分体现物以稀为贵。举个反例，虽然有的水晶也很漂亮，但因为是造岩类的矿石，储量非常庞大，所以只能归为普通矿石。

硬度高、便于储藏的：高级珠宝必然是一种穿越时空的传承符号，是承载时间的时尚介质。因空气灰尘中含有大量的二氧化硅，而二氧化硅的莫氏硬度是7.5。所以作为高级珠宝，其莫氏硬度最低不能小于7.5。

便于流通，同时具备投资属性的：各种拍卖会上的高级珠宝价格一路刷新，可变现，这就是最好的例证。

上述四个条件需同时具备，缺一不可。

二、五大名贵宝石

钻石：钻石被称为“珠宝之王”，有独立的评估体系和营销体系。常见的钻石可以从几十分一直到几十克拉。价格按照钻石4C的标准来定，简单说，就是越大的钻石价格越贵。虽然近几年合成钻石对天然钻石造成了巨大的商业冲击，但是天然钻石的王者地位还是毋庸置疑的，因为这是大自然赋予它的天然属性，是它自身具备的优秀素质，不随商业环境的变化而发生转移。

红蓝宝石：和钻石的结晶体不同，红宝石的原石晶体本身就比较小，根源是其原石裂理发育。大于两克拉的矿标已经比较少，被人工切割、抛光、损耗之后，市场上大颗粒的红宝石就更稀少了。因此，大颗粒的鸽血红红宝石尤其稀缺，价格极其昂贵。蓝宝石和红宝石成分一样，只是所含致色的微量元素不同。不过相对来说，大克拉的蓝宝石远比红宝石更常见，其价格也略低于红宝石。

祖母绿：世界上比较知名的祖母绿产地有哥伦比亚、赞比亚、巴西、印度、潘杰希尔等，不同产地的祖母绿之间的色调存在着重大差异。祖母绿晶体可以生长得比较大，所以市面上会经常见到几十克拉的祖母绿。红宝石、蓝宝石和祖母绿因为独特的色彩魅力，在三大色彩板块形成三足鼎立的局面，不分伯仲，都异常美丽，满足了大家对色彩和价值的多元需求。

猫眼：五大名贵宝石当中最低调的莫过于猫眼，是一种具有猫眼效应的金绿宝石，被称为“低调的贵族”，其商业价值还可以持续深挖。

除了这五种被时间、被商业市场无数次考证过的名贵宝石，我不认为其他宝石具备名贵宝石的资格。所有结论的成熟都需要时间的检验，一时炒作而营造的热度对整个珠宝市场发展而言没有意义。

合成宝石

近年来，培育钻石（实验室合成）的热销和对天然钻石市场造成的强烈冲击，让合成宝石的话题一直站在舆论风口浪尖，成为珠宝行业最热的话题。

合成宝石是在实验室中制成的一种材料，但却具有与其相对应的天然矿物相同的物理和化学属性。实际上，合成宝石不是一个现在才流行的话题，早在20世纪初，合成宝石就在欧洲广泛兴起，至今它的发展已经相当成熟，产业链条完善。以我们所接触的各类宝石为例，基本上所有的宝石都有合成替代品，比如红宝石、蓝宝石、祖母绿、猫眼、欧泊、尖晶石、星光宝石、蜜蜡、翡翠等诸如此类，不胜枚举。技术上，这并不是新鲜的难题。今天的一些合成宝石，如红宝石、蓝宝石、亚历山大变石和尖晶石都可以通过助熔法制成。

基本上只要你能想到的天然宝石，合成宝石就是存在的，这是一个庞大的、完善的、独立的商业领域。在销售市场上，合成宝石的出现的确对正常的珠宝市场产生了干扰，但是不同的合成宝石的影响力度又不尽相同。

一、培育钻石

由于人工培育技术的不断升级，和钻石行业标准设置的严苛条件，比如用10倍放大镜代替裸眼判断，优秀的合成钻石取代了天然钻石大量的市场份额，甚至让天然钻石的跌幅高达80%。

二、合成名贵宝石

合成的红蓝宝石和天然的红蓝宝石在视觉上有明显的差别，就算是刚入门的初学者，也可以凭借肉眼区分。比如天然的红蓝宝石总是会存在各种生长痕迹——包裹体，而合成的红蓝宝石则像玻璃一样纯净没有瑕疵。

合成的红蓝宝石大量应用于装饰品和工业生产，价格极其低廉，对天然红蓝宝石没有市场干扰，当然，别具用心的商业欺骗行为另当别论。

合成的祖母绿和天然的祖母绿比起来，在视觉上可以做到以假乱真（在实验室可以轻易检测出来），但两者之间还是有明确的商业应用界限。珠宝行业主要还是使用天然的祖母绿，当然，别具用心的商业行为除外。

大家去选购各种宝石时，建议与商家索取与之相对应的证书，有些高级珠宝甚至需要在不同的实验室进行二次复检、三次复检。

合成宝石的存在极大地丰富了我们对色彩的多元需求，美化了我们的生活，所以没有必要谈之色变。珠宝市场需要加强运作规范，强化或者明晰行业壁垒，让各有所需的群体都能选择到适合自己的商品，这也有助于消费市场朝向更加多元化和差异化的方向发展。

流行的半宝石

在宝石学中，宝石通常分为贵宝石和半宝石两类。除了传统的五大名贵宝石，还有一些在市场上热销的宝石受到大家的追捧。

近年来，这几种宝石一直维持着比较高的市场热度：尖晶石、莎弗莱、坦桑石、欧泊、榍石、碧玺中的帕拉伊巴和卢比莱。

这些宝石能够在激烈的市场竞争当中脱颖而出，本质上大多是它们自身的优势所决定的，比如丰富的颜色、明亮的光泽、闪耀的火彩、稀缺性等。但是每一类宝石具体细分之后，它们之间的商业价值又存在很大的差异。比如在尖晶石中，绝地武士尖晶石和钴尖晶石的商业价值较高，其他尖晶石则价值平平；莎弗莱中只有色彩饱和度高、色调纯正的被称为是祖母绿的平替，具备比较高的商业价值，黄绿色调的莎弗莱也价值一般；碧玺中的卢比来和帕拉伊巴最有名气，但是现阶段很多帕拉伊巴的颜色是加热所致，并不是天然颜色；坦桑石虽然被称为是蓝宝石的最佳平替，但仅仅只有6~7的莫氏硬度，而且市场上销售的坦桑石普遍被加热过，这两大硬伤注定坦桑石只能是半宝石中的快消品。诸如此类的案例在流行性半宝石中不胜枚举。

这些被商家操盘、被消费者追捧的流行性半宝石，虽然在商业市场上大红大紫，但是在专业的珠宝市场并没有很高的地位，也没有被归为名贵宝石，原因可能是色彩不够纯正、产量比较大、硬度相对比较低或者化学性质不太稳定等，或者不能同时具备作为名贵珠宝的所有条件。

针对这种市场有热度，但是自身价值不够的流行性半宝石，我觉得需要设置上限：不管市场怎么炒作，或者消费者怎么追捧，克拉单价都不能越界五大名贵宝石。这是由自身的珠宝属性决定的，大家要学会克制，保持理性。

小众彩色宝石

经常有朋友向我咨询小众彩色宝石，比如钻尖晶石、亚历山大变石、翠榴石、彩色钻石、塔菲石等。她们的出发点多半是因为猎奇心理，或者是为了做投资收藏，有些甚至到了痴迷的地步。

这类宝石受到关注的本质原因是稀缺性，它们甚至比五大名贵宝石还要稀少，在整个珠宝市场达不到一定的交易量，因此被商家炒作，或者被消费者关注。最朴素的原理就是物以稀为贵，大家都想在商品的溢价发展中分一杯羹。所以这些小众宝石的价格持续走高，有些甚至达到了非理性的地步，热度还是居高不下。

我对这类宝石一直抱有不太肯定的态度，原因如下：

1. 小众宝石本身流通面非常窄，比如钻尖晶石。钻尖晶石的结晶体小，切割后的宝石颗粒更小，虽然有些颜色比漂亮的蓝宝石还好看，但是存在硬度相对较低的弱点。在整个珠宝市场，都很难出现大件的钻尖晶石作品。

2. 个别宝石价格极其昂贵，比如彩色钻石。以红钻、粉钻、绿钻、蓝钻等为例，这些大自然的骄子，它们的市场交易和普通消费者没有什么关系。

3. 有些宝石除了产出量比较稀少外，在视觉上并没有那么好看。比如某些亚历山大变石，就是普通的褐灰或者蓝灰色调，既没有美丽的颜色，也没有亮丽的光泽。从外观欣赏，并不具备作为珠宝在视觉要求上达到美丽的条件，需要借助光源的切换才能展现其与众不同的效果。

4. 有些特殊的包裹体，对于宝石教学和了解宝石的多样性有意义，但在商业审美上没有可取之处，比如翠榴石的马尾状包裹体。

针对这些小众彩色宝石，我的建议是：让它们回到宝石学家的手中，回到教学标本当中，回到博物馆里面。小众宝石不属于人群中的大多数，普通人也没有必要为这些小众宝石付出过高的代价。对于普通消费者来说，我们需要接触的是大众审美、大众流通、大众价值导向；太小众的宝石，普通消费者没有更多元的鉴赏角度和流通渠道，很容易接手商业环节当中的最后一棒。

最重要的是，所谓的稀缺，其实归根到底还是普通大众的见识和阅历太窄所致。在真正的上游市场，被普通消费者奉若神明的稀缺小众宝石，说不定在矿主家里就是堆山填海一般的存在，说白了，还是资源的稀缺和垄断性所致，普通消费者没有必要为自己狭隘的认知买单。

如何成为一名合格的珠宝人

不管是珠宝爱好者还是从业者，大家都想更深入地去了解珠宝，成为一名专业的、严谨的珠宝人。以我自身的成长经历为例，我做出以下建议，供大家参考：

一、进行系统、专业的学习

如果时间允许，回到专业的学校进行完整系统的珠宝课程学习是最好的。珠宝是一门独立严谨的学科，有分类、有历史、有商业应用。在学校里，你可以用最短、最集中的时间快速获得想要的信息，这是学习珠宝最直接、最有效的路径——从理论上找到专业知识的立足点，避开了众说纷纭的江湖传说，进入到掌握宝石本质的模式。掌握系统的理论知识，是学好珠宝的基石。

但是，完成了第一个阶段的学习，对珠宝的认知还仅仅停留在概念和表象认知上，对具体到不同类型不同珠宝的颜色、光泽、切割、产地、荧光等概念并没有深度认识，对浩如烟海的市场容量还一无所知，当然，和建立庞大的珠宝商业帝国还隔着遥不可及的距离。

二、日复一日地实战演练

“纸上得来终觉浅，绝知此事要躬行”。珠宝是一门需要深度实战的学科。我在从事与翡翠相关的工作时，持续十年左右的时间，不间断地每天看数以万计的样本。在宝石领域，我涉足不同国家，深入不同矿区，在不同环境下也是每天看数以万计的样本，至少坚持了五年，把枯燥无味的专业词汇转化为自动反射的神经记忆。而珠宝行业对专业人员的最高评价就是能裸眼鉴别和评估，从一颗简单的石头表面梳理出内部千丝万缕的联系。

举个例子：宝石之所以好看，其中一个重要原因，就在于它的颜色和光泽之间那种难以名状的明媚和璀璨，其中细微的差异是难以用语言描述的。只有看的样本足够多，比较的足够多，视觉神经对色彩越来越敏感，才能精准拿捏细微的差距。这种视觉技能需要经过对石头数以万次的推敲、拿捏来习得。

三、透视交易背后的文化和人性

了解了珠宝，还需要了解珠宝市场的商业规律和逻辑，了解不同地域的人文差异，了解不同人文差异对珠宝的不同理解，了解所有这些掩盖之下的人性。只有这样，最终才能实现融合多元文化，沉淀出自己对珠宝独特的见解；结合自身的文化土壤，才能输出有独特性的、有生命力的创造。在这个过程当中，你所经手的珠宝、经历的人，所经历的商业过程，就像一块一块的砖，铺垫出你一路攀登的阶梯。你能爬多高，取决于你积累了多少块砖头。

所谓的天才，天分和勤奋缺一不可，天分可以让你走得更快，勤奋会让你走得更稳。更重要的是发自内心的热爱，爱会让你变得充盈，在这条孤独的攀登路上保持活力，矢志不渝。

后记

POSTSCRIPT

加勒　斯里兰卡最南端的城市

有这样一道古堡城墙

是英治时期留下的海防

沿着长长的海岸线

向左看没有尽头　向右看没有尽头

墙由大的岩石、小的岩石、鹅卵石、沙砾筑成

只要是坚硬的　就用水泥厚厚地裹着堆起来

几百年过去
海水不远万里踏浪而来
每隔几秒钟就可以拍几尺或者丈余高的浪　然而
你拍你的浪　我筑我的墙
海水几百年的喋喋不休
也只能在墙脚下俯首称臣

我爱上这道被时光打磨后的墙
我喜欢这种被海水冲蚀、被风沙雨水雕琢几百年后的痕迹

我敬慕筑墙匠人的勇气和态度
大海你来了
咱们干一场

没有破损
没有漏洞
没有意外
没有假设
没有然后
就这样　只是一道墙
我敬慕做事不打草稿
一铸即成永恒的态度和技艺